N. DE NEPLUYEFF

LA Confrérie Ouvrière ET SES ÉCOLES

PARIS
ANCIENNE LIBRAIRIE GERMER BAILLIÈRE ET Cie
FÉLIX ALCAN, ÉDITEUR
108, BOULEVARD SAINT-GERMAIN, 108

1900

LA CONFRÉRIE OUVRIÈRE

ET SES ÉCOLES

OUVRAGES DU MÊME AUTEUR

(En langue russe)

(Tous ces ouvrages sont épuisés, ce qui a nécessité l'édition complète des œuvres de l'auteur.)

Rôle historique du propriétaire; Moscou, 1879.
La Conscience; Moscou, 1880.
Le Pain quotidien; Moscou, 1881.
Pensées et Conseils; Saint-Pétersbourg, 1882.
La Vérité; Leipzig, 1892.
La Prière dominicale; Leipzig, 1892.
Ve chapitre de saint Mathieu; Leipzig, 1892.
Xe chapitre de saint Mathieu; Leipzig, 1892.
La Bible; Leipzig, 1892.
Les Psaumes; Leipzig, 1892.
Confréries ouvrières; Leipzig, 1892.
Cercles fraternels; Leipzig, 1892.
Conception du monde chrétien; Berlin, 1893.
Harmonie de l'âme; Berlin, 1893.
Le Berceau de la Confrérie ouvrière; Saint-Pétersbourg, 1895.
Vers le mieux; Saint-Pétersbourg, 1899.

SOUS PRESSE :

Œuvres complètes; t. I, Saint-Pétersbourg, 1900.

COMPOSITIONS MUSICALES DU MÊME AUTEUR

Trois prières, pour chœur, op. 1-3.
Sept chants sur les paroles de M. Homiavoff, pour le chant, op. 4-10.
Album de 12 pièces, pour piano à deux mains, op. 11-22.
Chansons sans parole, pour piano à deux mains, cahiers I, II et III, op. 23-101.

Il n'y a en vente actuellement que les chansons s. p. à Saint-Pétersbourg, Perspective Newsky, mag. de musique Gönner.

N. DE NEPLUYEFF

LA Confrérie Ouvrière ET SES ECOLES

PARIS
ANCIENNE LIBRAIRIE GERMER BAILLIÈRE ET Cie
FÉLIX ALCAN, ÉDITEUR
108, BOULEVARD SAINT-GERMAIN, 108

1900

4 août 1881. — *Fondation de la Maison d'éducation.*

4 août 1885. — *Fondation de l'École agronomique pour les jeunes gens.*

1er octobre 1891. — *Fondation de l'École agronomique pour les jeunes filles.*

23 décembre 1893. — *Approbation par l'État des Statuts de la Confrérie ouvrière.*

25 février 1894. — *Le Synode demande pour la Confrérie les droits de personnalité juridique.*

16 septembre 1894. — *Ces droits lui sont conférés par S. M. l'Empereur Alexandre III.*

8 octobre 1894. — *Par oukase du Saint-Synode, la Confrérie ouvrière est déclarée ouverte.*

9 novembre 1894. — *La Confrérie est autorisée à entrer en fonctions.*

23 juillet 1895. — *A eu lieu la solennité religieuse de l'inauguration de la Confrérie.*

PRÉFACE

Toute école doit se proposer de préparer à la vie, non seulement en développant les esprits, en donnant la possibilité d'acquérir des notions utiles et l'habileté professionnelle indispensable à la vie pratique, mais encore en guidant la volonté vers le bien, en tâchant de faire aimer le bien au point de désirer ardemment son triomphe.

Tout le monde tombera facilement d'accord sur ce point. Il sera beaucoup plus difficile de s'entendre sur le mot *bien* et, surtout sur les voies qui mènent à son triomphe.

Il n'est pourtant pas impossible de s'entendre sur la signification du mot *bien*. Beaucoup consentiront à dire que le bien pour l'humanité, c'est la paix, la liberté, la sagesse, la concorde universelle, sur la base d'amour fraternel, d'estime et de confiance mutuelles.

Comment arriver à cette somme de bien?

Jusqu'à présent, l'humanité espérait y arriver exclusivement par les voies de la raison, de la science, du développement intellectuel et des institutions libérales.

Certes, la raison peut nous indiquer les voies les plus sûres pour arriver au but proposé. Peut-elle proposer le but même de la vie et rendre ce but désirable? L'humanité se persuade chaque jour davantage qu'il n'en est rien. La raison constate ce qu'il y a. Plus elle avance, plus elle reconnaît la variété infinie de phénomènes, qui tous ont la même valeur à ses yeux.

La raison nous dit que la lutte pour la vie, cette lutte qui amène à la haine et à la discorde, est un phénomène naturel et inévitable. Pour qu'il en soit autrement, il faut que le désir du bien commun, de l'union dans l'amour fraternel, prévale à tel point sur les tendances égoïstes, que l'harmonie des esprits, des cœurs et de la vie devienne possible et naturelle, ce qui n'est pas. La raison nous dit encore que personne de nous ne vivra jusqu'à l'apothéose harmonieuse de la fraternité générale, que pour le moment il est plus profitable de lutter pour le bien-être égoïste, que de se sacrifier pour un avenir aussi lointain qu'incertain. La raison nous dit donc : La lutte pour la vie avec toutes ses conséquences logiques est un phénomène naturel et inévitable, profitable au vainqueur; la fraternité générale, une utopie. Lutte pour ton bien-être personnel et tâche d'être vainqueur.

Cela peut-il amener au désir d'union, de solidarité, inspirer l'abnégation, placer sur la voie du progrès pacifique?

Ceux qui attendaient tous ces bienfaits uniquement de la raison et des sciences sont profondément désillusionnés à l'heure qu'il est. On va jusqu'à parler de la banqueroute de la science, au moment où elle est arrivée à l'apogée de sa glorieuse puissance.

Non, la science n'a pas fait banqueroute. La faute est à ceux qui imposaient à la science et à la raison une tâche utopique. Ni la science ni la raison par elles-mêmes ne sont ni le bien ni le mal; elles ne sont, en réalité, qu'un moyen de servir raisonnablement le bien ou le mal, indifféremment.

Pour le triomphe de la solidarité, de la paix, de l'union, de l'harmonie des esprits, des cœurs et de la vie, du progrès pacifique en un mot, il ne suffit pas de comprendre, il faut désirer le bien général, il faut que ce désir triomphe de l'égoïsme personnel et familial.

Le désir intense et généreux ne peut être donné ni par la raison ni par la science; il n'y a qu'une force capable de l'engendrer, c'est l'amour, cet amour dont la puissance miraculeuse déplace les montagnes et peut rendre naturel pour ceux qui aiment ce qui ne l'est pas pour ceux qui pensent et comprennent sans aimer.

D'où vient que l'on parle tant du bien sans arriver à le réaliser harmonieusement dans la vie de l'humanité?

C'est que la grande majorité parle du bien, comprend le bien sans l'aimer. Voilà pourquoi malgré les discussions et les appels chaleureux, la vie continue à être mal organisée, l'humanité se sent profondément malheureuse, et nous voyons tant de gens capables de poursuivre de leur haine toute tentative de réalisation pratique des principes qu'eux-mêmes prêchent dans leurs temples, dans leurs écoles, dans la presse.

Voilà pourquoi il y a si peu de liberté dans les États les plus libres, si peu de sagesse dans la vie des hommes les plus savants et les plus éclairés, si peu d'esprit de paix dans ceux qui professent les théories les plus pacifiques, si peu de conscience pratique dans ceux qui sont très sûrs d'être pieux et fidèles à leur foi.

Sans l'amour, l'égoïsme orgueilleux devient inévitable. Alors il est possible de se draper dans les belles idées, lutter haineusement contre le mal comme on l'entend, mais non de réaliser le bien, de le servir logiquement dans la vie et surtout d'organiser la vie harmonieusement sur ses bases. L'orgueil et l'égoïsme rendent absolument impossible toute abnégation. La conscience est paralysée par le fait que l'on est persuadé de ceci : personne, rien au monde n'est digne de nous inspirer assez d'amour et de confiance pour que nous puissions raisonnablement sacrifier pour eux nos intérêts personnels ou familiaux.

Dans ces circonstances, il n'est possible que de rêver et parler du bien général, de lutter contre le mal, comptant pour mal tout ce qui est en contradiction avec les intérêts égoïstes de l'individu, de la famille, du parti, de nos compatriotes, de nos coreligionnaires, sans jamais tenter la réalisation pratique du bien, dont on parle tant et que l'on a l'air de défendre avec tant d'acharnement.

Sans amour, pas d'abnégation. Sans abnégation, pas la moindre possibilité de réaliser le bien. Une tiède bienveillance, un sentimentalisme poétique ne sont rien. Ce qu'il faut, c'est le feu sacré de l'amour, ce feu sacré qui donne la lumière et la vie.

Tous les vrais amis de l'humanité devraient se proposer, comme but principal de l'éducation morale, l'amour triomphant, débarrassé des chaînes de l'égoïsme, de l'orgueil, de la paresse, du lucre et de la timidité craintive, devenu persévérant, logique, conséquent, apte à triompher de tous les obstacles, à discipliner la volonté.

Le caractère de l'homme n'est, en somme, que les habitudes morales, héritées ou acquises par le fait de telle ou telle autre disposition d'esprit, fréquemment vécues, devenues seconde nature.

Il ne faut pas oublier le rôle considérable de la suggestion. Un homme persuadé que l'amour ne peut être son état naturel, qu'il est utopique et désavantageux, naturellement ne pourra croître en amour, ne sera jamais capable ni de servir sa cause, ni de réaliser le bien général.

Tâchez d'élever l'homme jusqu'aux bonnes habitudes de l'amour triomphant, donnez-lui la conscience de la portée vitale de l'amour, ravivez le feu sacré de l'amour dans son cœur : vous aurez formé un homme capable de réaliser les plus chers désirs des amis de l'humanité.

Non seulement il comprendra ce qu'il faut pour le bien général, mais la réalisation de ce bien dans la pratique de la vie sera une nécessité urgente pour son cœur et sa conscience.

Non seulement il sera capable d'agir avec abnégation, mais encore il éprouvera une si grande joie en agissant de la sorte envers ceux qu'il aime, que cela rendra l'abnégation raisonnable et deviendra une grande force de résistance contre le mal, une grande force créatrice pour le bien.

Sa volonté sera disciplinée par l'amour. Il sera capable de jouir de la liberté sans en abuser. Par amour pour son prochain, il évitera volontairement tout ce qui pourrait lui nuire, sans que la société ait besoin de l'y forcer d'aucune manière. Sans amour, la discipline intérieure, naturelle, est impossible. Sans amour, les esprits et les cœurs sont en état d'anarchie, ce qui deviendra évident chaque fois qu'ils seront libres d'agir à leur guise et nécessitera fatalement des mesures de répression pour effrayer ou suborner, sans quoi il n'y aurait plus même l'ordre illusoire qu'il y a.

Voilà ce que ne veulent pas comprendre beaucoup de ceux qui rêvent à la liberté, à l'égalité et à la fraternité. Quand la vie et les relations ne sont pas harmonieusement organisées sur la base de l'amour, quand il n'y a pas la discipline de l'amour au fond des esprits et des cœurs, la vraie liberté est impossible. L'humanité aura beau désirer et appeler la liberté, sans vouloir s'élever moralement jusqu'à la discipline de l'amour, la liberté ne sera qu'un rêve, un fantôme; malgré les institutions les plus libérales et toutes les garanties possibles, on passera fatalement d'un esclavage à l'autre, de l'esclavage politique à l'esclavage social, de l'absolutisme au capitalisme, de la terreur à la bourse, ce que nous voyons à cette époque dans les républiques les plus libres de l'Europe et de l'Amérique.

Ne nous trompons pas. Ne basons pas des espérances illusoires sur des degrés infimes d'amour. Tant que l'amour n'est qu'un caprice et du sentimentalisme, tant que l'on n'aime que peu de monde et sottement, gâtant ceux que l'on aime, en se bornant à une bienfaisance désordonnée, ayant pour but la guérison des plaies sociales qui sautent aux yeux et nous frappent trop rudement sur les nerfs, cet amour minuscule ne peut encore ni discipliner les volontés ni devenir la base de la vie.

Il faut que l'amour occupe en nous la première place, donne le ton à toute notre vie, soit considéré par nous comme la valeur et le bien suprême du monde. Quand nous le diviniserons et quand nous nous humilierons jusqu'à le servir fidèlement, l'amour nous exaltera jusqu'à la liberté, l'égalité, la fraternité, l'harmonie bienheureuse des esprits, des cœurs et de la vie.

Voilà mon sentiment sur l'éducation et l'organisation harmonieuse de la vie. Il est tout naturel que j'aie trouvé nécessaire de donner ma vie à faire l'éducation du plus grand nombre d'enfants et à organiser harmonieusement la vie et le travail sur la base de paix et d'amour fraternel. C'est l'amour qui m'a permis de servir cette cause avec joie. L'amour aidant, la vie s'est constituée en confrérie ouvrière et nous a amené au système d'éducation qui fait l'originalité de nos écoles.

J'ai le bonheur d'être chrétien, d'avoir la foi en Dieu, qui est Amour, ce qui fait que j'ai plus de raisons que bien d'autres de tenir les mots « bien » et « amour » pour synonymes. Ma foi m'oblige à ne pas douter de la valeur éternelle de l'amour, de sa portée suprême dans l'économie du monde et du triomphe final de son règne, de sa puissance et de sa splendeur. Je ne puis douter que l'amour ne soit la cause première et le but final de la création, la somme des perfections, que la fidélité à l'esprit d'amour ne soit la fidélité à Dieu même.

Qui est infidèle à l'amour est infidèle à Dieu. Le salut de l'humanité, c'est la foi opérante par l'amour. Je ne puis douter que c'est l'amour qui doit être la base de l'éducation, de la discipline, de la sagesse, de la sainteté, de toute la vie, de toutes les relations, de l'organisation de tous les genres de travail.

Comme chrétien et comme fils fidèle de l'Église orthodoxe, je revêts mes idées et mes actes d'une lettre analogue Ne vous y trompez pas. Ce ne doit pas être un obstacle pour que je sois compris par ceux qui ne partagent pas ma foi, qui, partant d'autres points de vue, auraient revêtu leurs idées et leurs actes d'une autre robe. L'expérience que nous avons acquise au service d'une œuvre d'amour peut être comprise et utilisée par eux.

La routine de la vie a amoncelé tant de mensonges, de contradictions et de fourberies, que la vérité chrétienne est bien difficile à comprendre. Le christianisme inspire de la défiance et même de la haine. On le confond avec le cléricalisme et ses tendances dominatrices.

Ici encore tout le mal provient de l'infidélité à l'amour. Des chrétiens de nom, esprits et cœurs momifiés, complètement dépourvus d'amour, ont calomnié le christianisme par leurs paroles et leurs actes. Chrétien orthodoxe, je suis bien loin d'être clérical, je tiens l'amour pour Dieu et toute Sa création, l'amour universel, pour suprême devoir, imposé par ma foi. Je ne puis donc ne pas aimer la raison, la liberté, tout ce qui vous est cher, je ne puis prêcher ni la violence ni la haine. Ayant fait des études dans deux écoles supérieures, je désire la lumière, j'aime la science; c'est pourtant dans la foi que j'ai trouvé l'assouvissement suprême de toutes les aspirations les plus hautes de l'esprit et du cœur. C'est la foi qui m'a donné le courage d'aller de ce qu'il y a vers ce qui doit être sans courber le front devant les circonstances créées par la routine de la vie environnante.

Cela me donne le droit d'espérer que nous serons entendu et compris non seulement par les chrétiens de toutes les confessions, mais aussi par les libres penseurs de toutes les nuances, par tous ceux qui désirent pour l'humanité le progrès pacifique; que tous voudront nous entendre jusqu'au bout et méditer sans préjuger l'expérience de notre vie. Que les libres penseurs mettent au lieu du mot « Dieu » les mots : « la vérité, le bien, la sagesse, la beauté, l'inspiration et l'amour » ; au lieu du mot « église » les mots : « ceux qui sont fidèles à la vérité, le bien, la sagesse, la beauté, l'inspiration et l'amour » ; au lieu du mot « foi » le mot « idéalisme » ; au lieu du mot « péché », les mots : « haine, lucre, paresse, violence »; au lieu du mot « repentir », les mots : « horreur du mal » ; au lieu du mot « sainteté », les mots « fidélité absolue à l'amour universel ». J'en suis persuadé, non seulement ils nous comprendront fort bien, mais encore ils consentiront à avouer que la foi est bienfaisante et a une grande valeur vitale pour le bien de l'humanité.

Très souvent on nous demande des détails sur nos écoles et notre Confrérie ouvrière. C'est pour répondre à ces questions que nous éditons cette brochure. Le lecteur attentif trouvera en elle l'exposition brève de notre profession de foi et de notre expérience pratique.

NICOLAS DE NEPLUYEFF,

Président à vie de la Confrérie ouvrière, Fondateur de la Confrérie ouvrière et des écoles agronomiques de Vosdvigensk (pour les jeunes gens) et de Préobrajensk (pour les jeunes filles).

MANUEL

DE LA CONFRÉRIE OUVRIÈRE ET DE SES ÉCOLES

Ce manuel est le résumé de l'expérience pratique de la Confrérie ouvrière et de ses écoles. Rédigé par le président de la Confrérie, il a été examiné et approuvé par le Conseil supérieur (la Douma) après avoir été lu et discuté en assemblée plénière.

I

IMPORTANCE PRATIQUE DE L'AMOUR, D'APRÈS L'ESPRIT DU CHRISTIANISME

1. — Dieu est amour. La sagesse et toutes les autres manifestations de l'Être divin sont subordonnées à l'amour.

2. — L'amour de Dieu est la cause première de la création. L'univers est l'objet de son amour.

3. — L'amour est le but final de la création.

4. — Les trois manifestations suprêmes de l'amour de Dieu sont : 1° la création du monde (Dieu le Père) ; 2° le salut du monde (Dieu le fils) ; 3° la communion de l'amour divin (Dieu le Saint-Esprit).

5. — La volonté éternelle et absolue de Dieu, — le triomphe de l'amour universel qui unit sur l'égoïsme qui divise.

6. — L'amour ne peut qu'être libre. Toute violence est contraire à l'esprit de Dieu.

7. — Dieu est saint, il n'est jamais infidèle à l'amour universel.

8. — L'harmonie volontaire de nos idées avec la sagesse suprême, et de notre cœur avec l'amour universel est la condition inévitable de la béatitude éternelle, de la communion au règne, à la puissance et la splendeur de Dieu.

9. — A cette sainte harmonie correspond la sainte harmonie de l'âme, quand la raison se soumettant à l'amour règne sur les sensations. (« Le royaume de Dieu est en vous ».)

10. — Quand on ne répond pas par l'amour à l'amour, on devient indigne de l'amour de

Dieu ; on se laisse aller à l'orgueil, à l'égoïsme qui divise, aux sentiments haineux.

11. — C'est ainsi que Lucifer est devenu Satan.

12. — C'est ainsi que deviennent des esprits de ténèbres tous les fils prodigues de notre Père céleste.

13. — Éprouver la douleur de la privation volontaire de la communion de l'amour de Dieu, pour revenir en fils repentant aux noces de la maison du Père céleste, voilà le sens de toutes les misères de la vie terrestre.

14. — Le péché consiste à subordonner l'amour à la raison (égoïsme orgueilleux) ou aux sensations (bête humaine).

15. — La sainteté, c'est l'amour universel triomphant (homme divin).

16. — L'amour et la sainteté, — valeur et joie suprêmes du monde.

17. — La raison, quand elle ne se soumet pas volontairement à l'amour, devient infidèle à soi-même, cesse d'être sagesse, car étant infidèle à l'amour, elle est infidèle à la vérité éternelle et au bien suprême de l'humanité, ce qui n'est ni spirituel ni pratique.

18. — Les sensations, quand elles ne se soumettent pas volontairement à l'amour, nous amènent fatalement à l'enfer de l'anarchie

morale, sans nous donner la joie que nous espérions.

19. — L'amour triomphant, logique et conséquent ne peut, sans devenir infidèle à soi-même, devenir dangereux pour la raison ou les sensations. Il ne peut méconnaître leurs droits, il les respectera, les bénira, les traitera avec la tendre délicatesse qui le caractérise.

20. — Le bien suprême pour l'humanité incarnée : revenir volontairement et avec conviction à l'état d'harmonie morale, avec Dieu qui est l'amour et la sagesse.

21. — Arriver volontairement aux habitudes salutaires de la discipline de l'amour, organiser harmonieusement la vie et tous les genres de travail sur la base de l'amour fraternel, — voilà les nécessités les plus urgentes de l'humanité contemporaine.

22. — C'est pour cela que le Sauveur du monde a dit que les deux commandements sur l'amour envers Dieu et envers les hommes contiennent en soi toute la loi et toutes les écritures. C'est pour cela qu'Il nous a donné comme commandement unique du Nouveau Testament celui d'aimer jusqu'à l'abnégation, jusqu'à la mort sur la croix, et nous a dit : « En ceci tous connaîtront que vous êtes mes disciples, si vous avez de l'amour les uns pour les autres. » C'est

pour cela que l'Apôtre nous dit : « Aimez la fraternité. » — « Celui qui aime a rempli la loi. » — « L'amour est la perfection suprême. »

23. — Sans la discipline volontaire de l'amour, ne sont possibles ni la liberté, ni l'égalité, ni la fraternité, qui ne sont que rêves infructueux et vains mots pour ceux qui ont l'anarchie en eux et ne peuvent être disciplinés que par la violence et la cupidité, sans quoi ils auraient semé le chaos et se seraient déchirés mutuellement.

24. — La discipline volontaire de l'amour est la condition inévitable de toute liberté; c'est elle qui rend l'homme libre du joug des passions, de la nécessité de toute chaîne; c'est elle qui le rend capable d'user de la liberté sans en abuser, sans qu'elle devienne dangereuse pour la société et l'État.

25. — Dieu ne peut accepter d'autre amour que l'amour volontaire, en toute liberté. L'amour des peureux et des habiles n'est qu'un masque, qui ne trompe pas Celui qui est la Raison suprême, qui veut la vérité vivante du feu sacré de l'amour vrai. C'est pour cela que l'Apôtre dit : « Vous n'avez pas reçu un esprit de servitude pour être encore dans la crainte, mais un esprit d'adoption. — Car, mes frères, vous avez été appelés à la liberté. — Où est l'esprit du Seigneur, là est la liberté. »

26. — La liberté chrétienne n'est pas le libertinage, le désordre et l'anarchie, mais bien la liberté d'un esclave volontaire et conscient de Dieu, la Raison et l'Amour suprêmes, libre de tout autre esclavage. Le chrétien ne peut rester fidèle à Dieu et à son œuvre d'amour universels dès qu'il consent à devenir esclave de ses passions, esclave des hommes, de la routine, de l'opinion publique, même de la loi humaine.

27. — Ceux pour qui l'Amour et son triomphe dans la pratique de la vie ne sont pas une nécessité urgente, ne peuvent être des représentants de l'Amour aux yeux de Dieu. C'est pour cela que l'Apôtre dit que « le christianisme, c'est la foi opérant par l'amour. »

28. — Jusqu'à ce que nous ne soyons affamé du triomphe de l'amour et de l'organisation harmonieuse de la vie et du travail sur la base de la vraie fraternité, nous n'aimons pas et n'avons aucun droit de nous dire des chrétiens et des représentants de l'amour.

29. — Ce n'est que celui dont toute la vie est pénétrée de l'esprit d'un amour vivant, actif, brûlant et tendre pour le Créateur et toute sa création, celui dont l'amour est fidèle jusqu'à la mort, qui a le droit de se compter soldat de l'armée bénie de l'Amour, réconcilié avec le Père céleste, l'unique Dieu vivant, qui est

Amour, en harmonie de cœur et d'esprit avec Lui, son Christ et leur Eglise, et non ceux qui, aimant par caprice, s'appliquent à endormir leur conscience par des œuvres de bienfaisance, tout en restant étrangers et indifférents envers l'œuvre éternelle du triomphe de l'amour universel.

30. — C'est donc dans l'éducation morale de l'humanité vers la sainteté de l'amour universel et dans l'organisation harmonieuse de la vie sur les bases d'amour et de fraternité, que consiste l'œuvre de Dieu ici-bas. « Or la fin du commandement, c'est l'amour, qui procède d'un cœur sûr. » — « Christ seul est votre Docteur; et pour vous, vous êtes tous frères. » — « Aimez la fraternité. ».

31. — C'est la seule voie par laquelle nous pouvons revenir à notre Créateur, profiter du salut que son Christ nous propose, accepter la communion de son Saint-Esprit. Le règne de Dieu sera en nous. Après la mort, nous reviendrons en fils prodigues repentants, ce qui donnera au Dieu vivant la possibilité de nous rendre heureux, sans nous faire violence, nous donner la communion de la béatitude éternelle au sein de la grande fraternité des anges et des saints dans le royaume céleste.

II

CONFRÉRIE ET ÉCOLES

1. — Le but : réalisation pratique de la vérité chrétienne.

2. — Les moyens : organisation harmonieuse de la vie, des relations, de l'éducation et du travail sur les bases de paix et d'amour envers Dieu et toute sa création.

3. — La Confrérie, ses écoles et leurs cercles fraternels doivent avoir le caractère de familles fraternelles et de petites églises étroitement unies par un esprit vivant d'amour, de respect et de confiance mutuels sur la base de l'amour commun envers Dieu.

III

RELATIONS ENVERS DIEU

1. — Vivre avec Dieu et non sans Lui.

2. — L'aimer de tout son cœur et ne jamais le vendre à aucun prix.

3. — Vivre dans l'esprit de la bonne crainte de Dieu.

4. — Soumettre ses caprices individuels à la sainte volonté de Dieu.

5. — Redouter de s'arracher de sa main.

6. — Craindre de se détacher de Lui et d'augmenter les rangs de ses ennemis.

7. — Avoir soif de remplir sa sainte volonté, de collaborer à son œuvre éternelle de sagesse et d'amour.

8. — Placer la science divine à la tête de toutes les sciences humaines.

9. — Ne pas oublier que c'est Lui qui est la source de toutes forces morales.

10. — Désirer à tout moment la communion de sa grâce.

11. — Comprendre que c'est l'amour qui fait la parenté de notre âme avec la Sienne, que c'est par l'amour qu'Il nous adopte.

12. — Avoir constamment au fond de notre âme cette prière : « Que la sainte volonté de Son amour soit faite en nous, avec nous et par nous. »

IV

LA PRIÈRE

1. — Chose sainte, quand elle est le grand et vrai sacrement de l'union vivante entre notre âme et Dieu. Sacrilège quand il n'en est rien.

2. — Il est désirable que notre âme soit en état de prière permanent, n'oubliant jamais Dieu, le sentant toujours.

3. — Matin et soir tenir à assister aux prières communes et le faire dans l'esprit de vénération sincère.

4. — Considérer la prière comme acte d'amour et pain moral.

5. — Pendant la prière s'appliquer à vivre les sentiments d'humble amour, de vénération et de saint attendrissement.

6. — Prendre une part active à la prière doit être une nécessité urgente de notre amour fraternel.

7. — Le Conseil supérieur (*Duma*) invite les membres de la Confrérie et les élèves de toutes nos écoles à réciter soir et matin à haute voix une courte prière pour se remettre entre les mains de Dieu.

8. — Cela est désirable pour trois raisons : 1° comme confession de notre foi en Dieu et en Jésus-Christ devant les hommes ; 2° comme self-contrôle ; 3° comme exercice d'humilité envers Dieu et la Confrérie.

9. — Celui pour qui confesser à haute voix sa foi, son amour et son humilité envers Dieu, même dans cette forme de courte prière, serait pénible, avouerait par là qu'il a honte de son Dieu et récuse son Christ. Qu'il ait honte de soi et qu'il se repente.

10. — Celui pour qui ce ne serait pas une joie pourra se rendre compte par là ; — vit-il assez avec Dieu, l'aime-t-il assez pour que la confession de sa foi soit une nécessité urgente de son amour ?

11. — Celui dont l'orgueil en serait blessé, qui n'éprouverait pas en soi assez d'humilité devant Dieu et de discipline volontaire envers le Conseil supérieur pour le faire avec joie par la raison que c'est un acte d'humilité envers Dieu, recommandé par le Conseil supérieur, pourra se persuader par là qu'il est encore

plein de l'esprit de révolte envers Dieu et la Confrérie. Qu'il se repente et comprenne que pour lui cet exercice d'humilité et de discipline est surtout salutaire. Il aura vaincu en soi l'esprit d'orgueil et de révolte, quand il éprouvera de la joie à réciter cette prière à cause de ce qu'elle est pleine d'humilité devant Dieu, et à cause de ce qu'elle est recommandée par le Conseil supérieur et est usitée par toute la Confrérie.

V

LE TEMPLE

1. — Entrer et demeurer dans le temple avec vénération.

2. — Collaborer à la sainteté des offices, par les sentiments avec lesquels nous y prenons part.

3. — Vivifier toute lettre en lui adaptant un sens profond et vital, en rapportant tout à nous-même et à notre propre vie.

4. — Tenir pour un devoir d'amour envers nos coreligionnaires de traduire notre vénération pour la lettre des rites extérieurs usités dans l'Église à laquelle nous appartenons.

5. — Faisant le signe de la croix — accepter en toute conscience et en tout amour la croix de l'abnégation et du sacrifice, obligatoires pour ceux qui veulent sincèrement suivre le

Christ dans son œuvre d'abnégation et d'amour.

6. — Baissant la tête ou se mettant à genoux, plier avec humilité et vénération la tête et les genoux de notre âme devant Celui qui est notre Créateur, Sauveur et Consolateur.

VI

LES SACREMENTS

1. — Les approchant avec foi et amour, n'avoir aucun doute sur leur efficacité.

2. — Nous souvenir que Dieu qui est Amour est toujours prêt à nous donner la grâce, dès qu'Il peut le faire sans nous violenter.

3. — Pour qu'Il puisse le faire, il faut que nous aspirions à recevoir la grâce dans l'esprit de foi et d'amour.

4. — Ayant reçu les saints sacrements, ne pas se permettre de calomnier le Seigneur en restant un pécheur suffisant, se disculpant sous le prétexte que son caractère, sa nature ou sa faiblesse morale ne lui permettent pas de devenir meilleur.

VII

NOTRE AME

1. — Ne jamais oublier que nous sommes des enfants de Dieu, créés pour la béatitude éternelle de la communion de son amour.

2. — Avoir toujours soif d'être digne de la communion de son amour.

3. — Compter l'amour en soi pour suprême trésor.

4. — Tenir à être en harmonie avec Dieu, élevant son âme à l'état de sainte harmonie, quand la raison, se soumettant à l'amour, prime les sensations.

5. — Tenir de même à la sainte harmonie de l'amour en soi, quand l'altruisme, se soumettant à l'amour pour Dieu, prime l'égoïsme.

6. — Se préserver contre le levain des pharisiens, des saducéens et des manichéens.

7. — Le levain pharisien — la déification de la lettre, dont nous attendons le salut.

8. — Le levain saducéen : faire de la religion un moyen d'acquérir le bien-être matériel.

9. — Le levain manichéen : la haine de la matière et de la vie terrestre, Dieu maudit dans une partie de Sa création.

10. — Tâcher de remplir avec honnêteté ses devoirs de chrétien : accepter la croix de la foi, de l'amour et du travail pour la porter avec joie.

11. — Comprendre qu'il n'est pas possible d'accepter la croix sans renoncer à soi-même.

12. — Renoncer à soi-même ne veut pas dire avoir de la haine et du mépris pour soi, mais bien toujours et en tout soumettre sa volonté à la volonté de Dieu et mettre son bien en harmonie avec le bien général, sans jamais opposer sa personne à Dieu et à l'humanité.

13. — Comprendre que la joie couronne la croix et ne pas espérer la joie sans vouloir accepter la croix.

14. — Comprendre que la croix commence où il faut un effort, où l'on a de la peine, où il est impossible de se passer d'abnégation.

15. — La croix de la foi : vivre avec Dieu et non sans Lui, marcher par la foi et non par la vue.

16. — Vivre avec Dieu : être toujours, par les idées, les sentiments et la vie, de Son côté, et non contre Lui, dans les rangs de Ses ennemis; aimer Dieu, avoir la sensation morale de l'union morale avec Lui.

17. — Marcher par la foi : tendre de toutes les forces de son âme de ce qu'il y a vers ce qui doit être d'après la foi, aimer et respecter dans les hommes l'idée de Dieu, s'intéresser en eux au bien, qui est éternel, et non au mal, qui est passager.

18. — Marcher par la vue : permettre aux choses passagères que nous voyons d'éclipser à nos yeux le but final du monde et les voies de Dieu; remplacer l'idéal éternel d'après la foi par des buts mesquins, passagers, égoïstes, nous soumettant à la routine environnante. Dans nos relations avec les hommes, s'intéresser, non à ce qui doit être, mais à ce qui est. Dans la vie, préférer ce qui triomphe actuellement à ce qui correspond à la vérité éternelle. C'est la manière diabolique, caliomniatrice, destructive.

19. —La croix de l'amour : persévérer dans la voie de l'amour, rester doux et magnanime vis-à-vis de ceux qui nous offensent. Rester toujours fidèle à la plus grande œuvre d'amour que nous pouvons faire.

20. — La croix du travail : prendre sur soi avec amour le travail le plus lourd et le moins agréable, ne compter nulle besogne trop infime pour soi. Ne pas désirer pour soi le travail le plus lucratif, honorifique et agréable, en laissant aux autres celui qui est moins bien payé, méprisé et lourd.

21. — Comprendre la haute valeur morale de l'humilité, sans laquelle il n'est pas possible de se soumettre à la croix, sûr que rien n'est digne de notre abnégation.

22. — Redouter par-dessus tout l'orgueil qui tue en nous l'amour envers Dieu et les hommes.

23. — L'orgueilleux se considère comme le centre du monde. Il croit pouvoir se passer de Dieu et de Sa grâce, ne répond pas à Son amour par la reconnaissance. De cette manière, il s'arrache de la main du Seigneur, ferme son âme à la grâce, s'endurcit et devient suffisant dans le mal.

24. — L'orgueilleux règle ses relations d'après ses caprices personnels, croyant que rien et personne n'est digne de son amour et de son respect. C'est un égoïste qui subordonne tout à ses intérêts personnels et familiaux, ce qui le plonge infailliblement dans une lutte acharnée pour la vie. Il durcit moralement et

finit par considérer toute croix avec mépris, comme un acte de démence et de pusillanimité, ne comprenant pas que l'on puisse consentir à restreindre sa propre personne.

25. — Tout en visant l'idéal éternel, il faut bien se souvenir de l'importance des petites choses, dont se compose la vie.

26. — Il est digne de pitié celui qui, visant le bien, lui est continuellement infidèle dans les petites choses de la vie.

27. — Il n'est pas possible de servir au triomphe du bien, étant menteur, voleur, malpropre, bête, vaniteux, léger, paresseux, trivial, brutal, capricieux, libertin dans les petites choses.

28. — Les œuvres d'anges ne peuvent pas être faites par des diables. Il est indispensable de ne plus être diable dans les petites choses pour pouvoir ne pas importer dans tout ce que nous faisons l'enfer de notre âme.

29. — Menteur, qui croit pouvoir s'écarter de la vérité pour quelque raison que ce soit, même pour rire.

30. — Voleur qui se permet non seulement de s'approprier, mais même de disposer d'une chose, sans l'autorisation de son propriétaire.

31. — Malpropre, qui tolère en soi le désordre dans les idées, les sentiments, le lan-

gage, les relations envers les hommes et les choses.

32. — Sot, qui se croit avoir plus d'esprit que son Créateur, met ses caprices au-dessus de la volonté de Dieu et oublie sa place dans la création.

33. — Orgueilleux, qui met son espoir en soi et non en Dieu, qui croit que personne et rien n'est digne de son respect.

34. — Léger, qui est audacieux dans le mal, qui croit pouvoir ne pas peser ses idées, ses sentiments, ses paroles et ses actes.

35. — Paresseux, qui préfère la sensation du repos à l'activité et à tout effort de l'esprit et du cœur, qui reste froidement indifférent envers Dieu, les hommes et l'œuvre de la Confrérie ouvrière.

36. — Trivial, qui manque de noblesse dans ses idées, ses sentiments, ses paroles et ses actes.

37. — Brutal, qui manque de tendresse envers Dieu, Son œuvre et les hommes, qui a honte de la tendresse et de ses manifestations.

38. — Capricieux, qui préfère ses propres désirs au bien et au juste.

39. — Volontaire, qui ne veut coordonner et subordonner sa volonté à la volonté du Créa-

tour, aux exigences de l'œuvre de Dieu, du bien commun, de la discipline de l'amour.

40. — Tout cela est comme la boue de l'âme; elle salira tout ce que nous approcherons. Les cœurs purs verront Dieu. La boue de notre âme ne nous permet pas de voir le Dieu vrai, nous ne pouvons concevoir Sa vérité ni servir Son œuvre.

41. — Il n'y a qu'un moyen de se purifier : l'humilité du repentir sincère, quand nous avouons et condamnons le mal en nous, non par un froid raisonnement, mais par un profond sentiment d'horreur envers le mal, de soif du bien, par un élan de tout notre être vers Dieu, que nous prions de nous purifier du mal, de nous fortifier dans le bien.

42. — Le psaume 50 (Ps. 51 de la Bible française) peut servir d'excellent manuel dans le domaine du repentir : « Mon péché est continuellement devant moi. J'ai péché contre Toi. Lave-moi et je serai plus blanc que la neige. O Dieu, crée-moi un cœur net et renouvelle au dedans de moi un esprit droit. Que l'esprit du Seigneur me soutienne. J'enseignerai Tes voies aux méchants, et les pécheurs se convertiront à Toi. »

43. — Voilà le programme du repentir chrétien : 1° avouer sa faute, sans chercher

d'excuses ; 2° une foi ferme au secours divin ; 3° l'espoir d'une transfiguration morale toujours possible ; 4° une disposition énergique à se mettre au service de l'œuvre de l'amour de Dieu.

44. — Désirant atteindre la noblesse morale, nous devons ennoblir en même temps toute notre personne et notre vie.

45. — Nous devons tâcher de donner à tout le coloris de l'harmonieux et du beau dans les limites des intérêts de l'œuvre et d'une simplicité peu coûteuse.

46. — Notre extérieur, nos manières, notre langage, tout doit porter l'empreinte d'une noble humilité.

VIII

LES HOMMES

1. — En tout homme aimer et respecter l'idée du Créateur, Sa création destinée à la gloire de la communion de Son amour.

2. — Les bons doivent être aimés religieusement, comme manifestation suprême de Dieu sur terre; il est juste de les entourer de tendresse et de leur prouver le respect qu'ils inspirent.

3. — Les faibles doivent être attirés vers Dieu et vers le bien, sans que jamais, pour leur plaire, nous nous abaissions à leur niveau de faiblesse.

4. — Les méchants doivent être pour nous comme des saintes images profanées. Tâchons de les laver avec amour s'ils veulent nous permettre de le faire. Écartons-nous des suffisants dans le mal, si nous n'avons pas un espoir

fondé de les convertir. Ne soyons jamais cruels envers les bons, par fausse pitié pour les méchants ; n'oublions jamais nos devoirs supérieurs envers nos frères fidèles.

5. — Comptons pour devoir suprême envers les hommes la fraternité, l'organisation harmonieuse de nos relations, de notre vie et de tous les genres de travail sur la base de l'amour fraternel.

6. — Que notre conscience ne soit pas tranquillisée par une bienfaisance sans système. Elle fait oublier la vérité chrétienne, revêtant d'une fausse parure une routine dépourvue d'amour. Elle fait tolérer une organisation sociale basée sur la violence et le lucre. Elle fait tolérer le mal sans amener à l'organisation harmonieuse du bien.

7. — Il faut que les enfants de la lumière soient aussi ingénieux dans la réalisation du bien que les enfants des ténèbres le sont dans le domaine du mal.

8. — C'est l'amour envers Dieu qui doit nous apprendre comment aimer les hommes sans les gâter, sans leur faire du mal.

9. — Il faut que notre amour rapproche de Dieu et non qu'il éloigne de Lui.

10. — Nous devons aimer tout le monde, mais il n'est pas bon de manifester notre amour

à tout le monde de la même manière et au même degré.

11. — Nous pouvons manifester notre amour aux hommes, sans craindre de leur nuire, seulement dans la mesure des sentiments d'humilité et d'amour qu'ils ont.

12. — Ceux qui acceptent notre amour comme un devoir, orgueilleusement, sans reconnaissance, ne peuvent qu'être gâtés par un amour dont ils sont indignes. Nous leur ferons du mal, au lieu de leur faire du bien. N'aimant personne, ils seront habitués par nous à réclamer des autres l'amour que nous leur manifestons. Aimez, mais ne jetez point les perles de votre amour à ceux qui les fouleraient à leurs pieds.

13. — Les degrés de fraternité et de nos devoirs fraternels sont: 1° nos frères en humanité ; 2° en Dieu ; 3° en Jésus-Christ ; 4° d'après la croix choisie par nous.

14. — Nos frères en humanité : tous les hommes, même ceux qui n'ont avec nous rien de commun, outre leur appartenance à l'humanité. Nos devoirs envers eux : aimer et respecter en eux l'être humain, désirer, acquérir en eux des frères en Dieu, des frères en amour.

15. — Nos frères en Dieu, qui est amour : tous les représentants de l'amour vivant, tous ceux qui sont fidèles et proches à Dieu par

l'amour. Nos devoirs envers eux : les aimer avec humilité et reconnaissance en réponse à leur amour et désirer acquérir en eux des frères en Jésus-Christ.

16. — Nos frères en Jésus-Christ : tous ceux qui adorent Dieu en esprit et en vérité, ceux qui renoncent à eux-mêmes, qui acceptent la croix de l'œuvre chrétienne et vont après le Christ, acceptant avec foi et amour Sa doctrine, le salut et la souffrance volontaire de tout Golgotha que nous rencontrerons sur notre route en le suivant. Nos devoirs fraternels envers eux: aimer et vénérer en eux pieusement les membres de l'Église militante.

17. — Nos frères d'après la croix : tous ceux des frères en Jésus-Christ qui ont accepté la croix spéciale que nous portons : la croix de la Confrérie ouvrière, la croix du cercle fraternel, etc. Nos devoirs fraternels envers eux : porter la croix commune pieusement, dans l'esprit de la crainte de Dieu, encourageant les faibles, consolant les affligés, appuyant les forts dans tout ce qu'ils entreprennent pour le bien de l'œuvre commune.

18. — Nous devons tâcher de ramener dans la bonne voie tous ceux qui pèchent contre l'œuvre commune, qui consiste à porter avec courage et probité la croix. C'est un devoir de

sollicitude fraternelle et de zèle pour le bien de l'œuvre Nous devons persister dans nos efforts jusqu'à ce que notre frère redevienne pour nous un collaborateur honnête ou finisse par nous être définitivement infidèle.

19. — Nous devons reprendre nos frères délinquants d'après les préceptes de Notre-Seigneur : 1° seul à seul ; 2° en compagnie de deux ou trois de ses amis les plus proches ; 3° en commun avec toute l'Église mineure de notre œuvre.

20. — Ceux qui persistent et surtout ceux qui sont suffisants dans le mal, doivent être écartés de l'œuvre sainte, comme mauvais et dangereux levain. Il n'est ni bon ni sage d'être, par pitié pour les mauvais, sans pitié pour les bons, pour Dieu et Son œuvre.

21. — Par respect pour Dieu, Son œuvre et nos frères fidèles, nous n'avons pas le droit d'excuser la trahison et surtout de nous rendre solidaire avec elle en nous plaçant du côté des traîtres contre les trahis.

22. — Nous devons être respectueux et soumis envers tous les représentants du pouvoir tant ecclésiastique qu'administratif, électif et familial, chaque fois que nous pouvons le faire sans être infidèles à Dieu et Son œuvre.

23. — Nous n'avons pas le devoir d'impor-

tuner les indifférents, en leur prêchant les vérités religieuses, mais nous n'avons pas le droit de participer au sacrilège pour leur plaire. Nous devons rester partout et toujours nous-mêmes, dignes représentants de la Confrérie, toujours prêts à professer le Christ et la vérité de Dieu devant les hommes, dès que nous pouvons le faire raisonnablement.

24. — Ne pas exiger pour soi l'amour et le respect, tout en considérant comme devoir de prévenir notre prochain dans ses sentiments.

25. — Comprendre qu'il est honteux de faire le mal et non de le subir.

IX

LA NATURE

1. — N'oublions pas que la terre est condamnée avec l'homme; que le mal dans la nature ne soit donc pas un scandale pour nous.

2. — Dieu, qui est Amour, condamne en retirant Sa main, en cessant de régner et de diriger tout vers l'harmonie commune.

3. — N'oublions pas que sur la terre nous ne sommes pas dans le royaume de Dieu, mais bien dans ce monde qui est « tout plongé dans le mal ».

4. — Dieu n'a pas mutilé Son œuvre. Il a donné la liberté à ceux pour qui Son amour était un joug intolérable.

5. — A chaque moment Dieu peut intervenir et faire tout miracle, mais nous n'avons pas le droit de demander des miracles à Dieu, avant d'être revenu en qualité de fils prodigues repentis dans le royaume de Dieu, où tout vit au

milieu des miracles incessants de Son amour.

6. — Maintenant le royaume de Dieu ne peut être qu'en nous, au fond de notre âme, quand sous l'influence de l'amour et de la foi nous aspirons au royaume céleste.

7. — L'anormalité temporaire du monde ne doit pas cacher à nos yeux sa gloire. Le monde est encore l'idée et l'amour de Dieu réalisés.

8. — La nature doit nous inspirer une pieuse humilité. Nous sommes coupables de sa dégradation temporaire.

9. — La raison humaine ne peut tout comprendre dans le fait de la condamnation de la nature pour la faute de l'homme ; ce qu'elle doit comprendre, c'est qu'il est fou de se faire juge de son Créateur et douter de Sa justice chaque fois que nous ne comprenons pas et n'avons pas une parole de la révélation pour nous faire comprendre.

10. — Ce qui est désirable dans nos relations envers la nature, c'est l'humble conscience de notre faute et de la beauté poétique de la nature, qui est le reflet de l'amour, de l'inspiration et de la sagesse du Créateur.

11. — Il est honteux de se complaire dans une disposition d'esprit où nous n'éprouvons pas de la vénération devant la beauté et la poésie de la création de Dieu.

12. — C'est avec amour et délicatesse que nous devons nous comporter envers les animaux et les plantes, n'estimant pas avoir le droit de les traiter avec un orgueil insolent les décimant ou leur nuisant sans nécessité. Les représentants sincères de l'amour ne peuvent être des barbares méchants et orgueilleux en aucune circonstance, fût-ce envers les animaux, les végétaux, les minéraux même.

13. — Un pieux respect nous sied vis-à-vis du mystère du sens éternel de la vie des animaux, des végétaux, du monde entier.

14. — Cela ne doit pas nous amener à un sentimentalisme craintif vis-à-vis de la nature.

15. — Au milieu des cruelles horreurs de « ce monde », il est ridicule de craindre d'abattre un arbre, de faucher l'herbe, de tuer un animal sauvage et même un animal domestique pour le manger.

16. — Ce qui est honteux et criminel, c'est de donner la mort sans but, pour s'amuser, c'est de faire souffrir, détruire et abîmer par distraction méprisante.

17. — Ce qui est désirable, c'est que nous traitions les animaux et les plantes avec une tendre sollicitude et une humble réserve, sans tomber dans des extrémités ridicules. Pour un chrétien, la mort n'est pas un mal.

X

LE TRAVAIL

1. — Souvenons-nous que le travail est indispensable pour la vie terrestre de l'humanité.

2. — Souvenons-nous que, si nous ne produisons autant de valeur qu'il en faut pour notre existence, d'autres devront produire ces valeurs pour nous.

3. — La manière chrétienne de traiter le travail consiste à porter pieusement la croix du travail dans l'esprit d'une humble soumission à la volonté de Dieu et d'un amour plein d'abnégation envers notre prochain. Vouloir travailler pour les autres et non faire travailler les autres pour soi.

4. — Le suprême mérite consiste à prendre sur soi avec joie et amour le travail le plus lourd et désagréable pour en dispenser les autres.

5. — Nous devons avoir la probité du travail et tâcher de remplir nos devoirs vite et bien.

6. — Le mauvais travail fait un mal incalculable, rendant pour nous-mêmes tout travail désagréable, nous habituant à la paresse et à la négligence, paralysant l'énergie des autres.

7. — Il faut nous garantir contre la suggestion qui nous persuade que la paresse et la négligence sont inhérentes à notre nature et que nous ne pouvons travailler ni plus vite ni mieux.

8. — Le mauvais travail est un vol de temps précieux et un abus de confiance envers ceux qui sont intéressés au résultat de notre travail.

9. — Il est raisonnable de donner au travail et au repos le temps nécessaire pour conserver la santé, sans quoi nous pouvons devenir bientôt des invalides ineptes au travail.

XI

LES VALEURS

1. — Comprendre que toute chose représente une valeur et le résultat d'un travail.

2. — Il faut être soigneux envers toute chose, même la moins coûteuse, respectant en elle le travail qui l'a produite. L'économie dans les petites choses fait les grandes épargnes.

3. — La manière chrétienne consiste à élaborer le plus de valeurs possible et à dépenser le moins possible de ces valeurs pour soi et sa famille pour avoir de quoi faire le bien aux autres.

4. — Il faut compter pour devoir de conscience de s'habituer à des goûts simples et peu coûteux, sans quoi toute la vie sera absorbée par la nécessité d'acquérir les moyens de mener une vie riche au détriment des intérêts moraux et intellectuels.

5. — La prodigalité et le gaspillage, quand les valeurs sont absorbées, gâtées ou perdues, doivent être réprouvés comme orgueil brutal, comme vol et mépris cruel pour le bien général.

6. — Il faut ménager : 1° le temps ; 2° les aliments ; 3° les vêtements ; 4° le bétail ; 5° les instruments ; 6° le chauffage ; 7° l'éclairage — ; tout ce qui est nécessaire pour l'existence de l'humanité.

7. — Ce qui est désirable, — c'est une simplicité propre, élégante, salubre et peu coûteuse.

XII

LES MALADIES

1. — Soignons notre santé sans nous amollir, sans connivence avec la paresse, sans nous laisser aller à la suggestion pernicieuse de l'imagination, sans pousser les soins de la santé jusqu'au luxe ruineux dans le domaine de l'hygiène et du traitement.

2. — Risquer pour rien sa santé, c'est ne pas tenir à la possibilité d'être utile.

3. — Nous devons faire cas de tous les moyens peu coûteux de conserver la santé.

4. — Nous ne devons pas nous laisser tenter par la mode, qui exagère les prétentions de confort hygiénique et médical jusqu'à en faire au point de vue chrétien, un luxe criminel au milieu de la triste pauvreté des masses.

5. — N'allons pas jusqu'à préférer la santé du corps à celle de l'âme. Appliquons-nous à

créer une atmosphère moralement salubre dans une pauvre masure, si nous ne pouvons faire mieux.

6. — Comptons pour un devoir de conscience de faire du bien moral à beaucoup d'individus, quand même nous ne pourrions le faire dans des circonstances idéalement hygiéniques, au lieu de mettre à la disposition de quelques élus le luxe du dernier mot de l'hygiène.

7. — Dans le cas de légers dérangements de santé, tâchons de lutter par la volonté contre le mal, nous souvenant que l'état psychique du malade réagit puissamment sur le cours de la maladie.

8. — D'un autre côté, prenons garde de laisser croître le mal, nous souvenant que toute maladie est plus facile à guérir au commencement.

9. — Remplissons scrupuleusement les ordonnances du médecin et n'imitons pas ceux qui perdent toute confiance en l'efficacité d'une médecine, si elle n'agit pas instantanément.

10. — Contentons-nous des soins des médecins locaux, sans exiger des cures coûteuses, inaccessibles pour des gens peu fortunés.

11. — Ceux qui souffrent de maladies chroniques doivent tâcher de se rendre aussi utiles que ossible, sans se laisser efféminer par la

maladie jusqu'à être paralysés par la suggestion de l'imagination maladive.

12. — Visitons nos malades le plus souvent possible et tâchons de ranimer leur énergie morale.

XIII

NOS ÉCOLES

1. — Leur but principal : l'éducation de la volonté dans l'esprit d'un amour vivant plein d'abnégation pour Dieu et l'humanité.

2. — Dieu est Amour. L'amour et le bien sont synonymes. Il n'est pas possible d'être fidèle à Dieu, étant infidèle à l'esprit d'amour. La base de la vie d'après la foi — un amour pieux envers Dieu, un amour fraternel envers les hommes. La base de la liberté chrétienne, — la discipline volontaire de l'amour. La réalisation de la vérité chrétienne, — une fraternité réelle des esprits, des cœurs, du travail, de toute la vie en entier.

3. — Conformément à cela, le programme de l'éducation est tel : 1° réveiller le désir ardent d'être en harmonie morale avec le Créateur, Dieu, qui est Amour ; 2° amener au repentir par

la persuasion, que la méchanceté, l'indifférence, même la tiédeur dans l'amour sont des péchés qui nous éloignent de Dieu ; 3° élever l'âme jusqu'à une foi éclairée et vivante en Dieu le Père, qui nous a créés pour le bien, en conséquence aptes à aimer, en Dieu le Fils, notre Sauveur, qui en vérité est pour nous « la voie, la vérité et la vie », en Dieu le Saint-Esprit, qui nous donne la grâce et la force morale ; 4° guider le progrès moral, d'amour en amour, jusqu'à l'apothéose de l'amour humble et triomphant pour Dieu et l'humanité, de la discipline volontaire, de l'amour, de la décision de servir avec abnégation l'œuvre de Dieu, le triomphe de l'amour, l'organisation harmonieuse de la vie et du travail sur les bases de l'amour fraternel.

4. — L'éducation de la volonté vers l'amour triomphant doit occuper la première place. Ceux qui persévèrent dans un esprit contraire doivent être exclus de nos écoles dès que leur influence sur les camarades devient pernicieuse, même dans le cas où ils feraient des études brillantes et travailleraient d'une manière irréprochable.

5. — Une école fraternelle chrétienne ne doit pas coopérer au triomphe du mal donnant aux méchants l'érudition et l'attestat, au moyen desquels ils pourront parvenir au bien-être et devenir suffisants dans le mal.

6. — Une école fraternelle chrétienne ne doit pas mentir en annotant bien des gens de mauvaise conduite pour ne pas entraver leur carrière victorieuse au milieu de la foire de la vie.

7. — Nos écoles doivent faire de leur mieux pour que tous leurs élèves entrent dans la vie en vrais représentants de la foi agissante par l'amour.

8. — Il faut que les élèves, étant encore dans les murs de l'école, embrassent résolument la voie des trois bases du christianisme : la foi, l'amour et le travail.

9. — Il faut que l'enseignement, les travaux, toute la vie de l'école soient pénétrés de l'esprit de la foi, agissante par l'amour.

10. — Il faut que l'école tâche de réaliser en tout l'idéal chrétien de l'amour triomphant.

11. — Les enfants qui restent froids, indifférents, paresseux dans l'atmosphère vivifiante de l'amour, ne doivent pas être laissés indéfiniment dans cette situation. Il est urgent de les réveiller de leur torpeur pour qu'ils ne se laissent pas entraîner dans les mauvais chemins.

12. — Les enfants qui persévèrent dans la voie de l'endurcissement et de l'animosité contre le bien et l'amour, doivent être exclus de nos écoles. Dans cet état moral, ils ne pourront pas

profiter de nos conseils et seront un mauvais levain, pernicieux pour les faibles, de vrais microbes, inoculant à l'école maintes maladies morales très contagieuses.

13. — Nos écoles doivent être des familles étroitement unies, ayant les caractères d'églises mineures.

14. — Il n'y a pas de place en eux ni pour des ennemis domestiques, ni même pour des étrangers indifférents.

15. — Nos moyens d'éducation sont : 1° l'organisation harmonieuse du bien dans la vie des élèves ; 2° l'enseignement des sciences utiles dans la pratique de la vie ; 3° le travail.

16. — L'organisation du bien comprend tout le système d'éducation : 1° l'assemblée bi-mensuelle ; 2° les supérieurs ; 3° le cercle fraternel cadet ; 4° le cercle fraternel aîné ; 5° les caractéristiques annuelles ; 6° l'assemblée des camarades ; 7° les cercles scolaires ; 8° les causeries.

17. — L'assemblée bi-mensuelle : sommaire de la vie morale de l'école.

18. — L'assemblée des camarades : délibération indépendante entre camarades sur toutes les questions de la vie scolaire.

19. — Les supérieurs, élus par chaque classe pour veiller au bon ordre, représentent le pouvoir volontairement déféré par élection. Les

élèves de bonne volonté, dans leurs relations envers les supérieurs, s'exercent à la discipline volontaire de l'amour.

20. — Le cercle fraternel cadet : une famille fraternelle étroitement unie, ayant le caractère d'une église mineure. Unit les enfants de bonne volonté.

21. — Le cercle fraternel aîné : une famille fraternelle étroitement unie, ayant le caractère d'une église mineure. Unit les meilleurs représentants de l'école, ceux qui sont aptes à prendre une part active à l'education des camarades.

22. — Les caractéristiques des cadets sont rédigées annuellement par les aînés, lues et discutées par le cercle fraternel aîné en présence des maîtres et du curateur de l'école.

23. — Cercles scolaires : 1° cercles des maîtres, le curateur en tête ; 2° cercles des membres du cercle fraternel aîné ayant chacun un maître en tête ; 3° cercles d'élèves, ayant chacun un membre du cercle fraternel aîné en tête.

24. — Ceux qui ne désirent pas prendre une part active dans l'organisation harmonieuse du bien dans la vie de l'école n'ont aucun droit de se compter au nombre des élèves et de profiter des avantages que l'école leur offre.

25. — Il n'y a que ceux qui répondent par

un amour reconnaissant à l'amour, qui peuvent être élevés par l'amour vers les bonnes habitudes morales de l'amour triomphant, devenir aptes à se plier à la discipline volontaire de l'amour, à servir l'œuvre éternelle d'amour et de paix.

26. — Ceux qui répondent à l'amour par l'orgueil, ou par une froide et cruelle indifférence, ne peuvent être que gâtés par lui. Fatalement ils deviendront de plus en plus durs et orgueilleux, jusqu'à s'exaspérer contre ceux qu'ils outragent par leur froideur ou leur animosité et qu'ils finiront par calomnier pour se disculper et endormir la conscience.

XIV

LES ÉLÈVES

1. — Doivent comprendre qu'étant dans une école chrétienne fraternelle, ils sont tenus de tendre avec probité vers les buts qu'elle se propose.

2. — Doivent comprendre que l'école fraternelle est une famille étroitement unie, où il n'y a pas de place aux ennemis domestiques, à ceux qui voudraient profiter de son attestat, tout en restant étrangers à son esprit.

3. — Doivent se souvenir que l'éducation dans nos écoles ne peut moralement profiter qu'à ceux qui agiront honnêtement envers l'école et les instituteurs, dans l'esprit d'une confiance cordiale, d'un amour reconnaissant.

4. — Doivent comprendre que ceux qui quotidiennement repoussent l'amour de tous ceux qui les entourent et restent obstinément fidèles

à l'égoïsme, au milieu d'appels continuels vers l'idéal, font preuve d'une si froide cruauté, d'un égoïsme si dur, d'un calcul si bas, se mettent dans une position si lâche, que tous les jours ils s'endurcissent de plus en plus dans le mal, deviennent de plus en plus son incarnation.

5. — Doivent comprendre que c'est un devoir de conscience et d'honneur pour eux de payer par l'amour à l'amour, par le bien au bien qu'ils reçoivent. Il leur est si facile de le faire : aimer l'école qui les a reçus avec amour, prendre une part active à sa vie, avoir la probité de désirer lui rendre le bien qu'on en a reçu, désirer mériter l'honneur suprême de faire partie du cercle fraternel aîné, où l'on peut faire tant de bien à l'école dans la position de collaborateurs des anges gardiens de ses camarades.

6. — Doivent comprendre que l'école chrétienne, se proposant de faire l'éducation des âmes éternelles dans l'esprit de la foi éclairée et de l'amour triomphant, représente une partie de l'œuvre éternelle du Dieu vivant et doit inspirer un sentiment de vénération. Cela les amènera à désirer donner leur obole d'amour et d'effort à la sainte cause et à se pénétrer d'un effroi salutaire en vue du crime que commettent ceux qui veulent faire du temple de notre école une caverne de brigands.

7. — Doivent comprendre que le cercle fraternel cadet, unissant les élèves de bonne volonté, est un échelon vers le bien, le mieux dans le bien de l'école. Il est juste d'aimer pieusement cette manifestation supérieure du bien, comprenant qu'il n'est pas possible d'aimer le Dieu invisible sans aimer les manifestations du bien et les représentants du bien que nous avons sous les yeux. Il faut comprendre que le bien se manifeste sur terre dans les hommes, qui ne sont pas des anges, qu'il n'est donc pas juste d'excuser l'indifférence et surtout l'animosité envers le bien, représenté par le cercle fraternel cadet, sous prétexte des faiblesses personnelles de ses membres. Il faut se souvenir que ceux qui, malgré leurs faiblesses, deviennent les serviteurs du bien, sont par là même beaucoup plus dignes d'amour et de respect que ceux qui, prenant pour prétexte leurs faiblesses, restent honteusement indifférents ou même lâchement hostiles envers le bien.

8. — Doivent comprendre que le cercle fraternel aîné, ayant pour but d'amener les cadets, confiés aux soins de leur amour et de leur sollicitude, à l'amour conscient de Dieu et de leurs frères en humanité, de les préserver contre le mal et les guider vers le bien, remplit une tâche si grande et si belle, que ses membres

peuvent être en toute vérité appelés agents de la paix, collaborateurs des anges gardiens. Il faut considérer comme un devoir de conscience la vénération envers la manifestation suprême du bien dans la vie de l'école, le cercle fraternel aîné, qui est comme l'autel du temple.

9. — Doivent comprendre que les instituteurs aussi ne sont pas des anges du ciel, qu'il est donc toujours possible de les incriminer pour excuser son indifférence et même son hostilité pour le bien. Il faut comprendre que tout élève, entrant à l'école, prend sur lui le devoir d'avoir pour les instituteurs assez d'amour, de respect et de confiance pour pouvoir être guidé par eux. Celui qui, au moment d'entrer à l'école, aurait la franchise de dire : « Je veux profiter de l'attestat sans vouloir me laisser guider par les instituteurs dans ma vie morale », se verrait sûrement refusé. Agir de la sorte, sans avouer le parti pris, est un abus de confiance, une violation frauduleuse de la convention fondamentale et la lâcheté dégradante d'une trahison envers ceux dont on continue à accepter les bienfaits.

10. — Il faut comprendre que dans l'univers créé par Dieu, on ne peut être que du côté du bien ou du côté du mal, avec Dieu ou contre Lui, avec ses ennemis. Il faut vivre dans l'es-

prit de la bonne crainte de Dieu, craignant d'être infidèle au bien et augmenter le nombre des ennemis de Dieu.

11. — Il faut comprendre que notre caractère n'est que le résultat des habitudes de l'âme contractées par le fait de la survivance fréquente de telle ou telle autre disposition d'esprit. En conséquence, il faut tâcher de vivre le plus souvent possible de sentiments bons et élevés, et craindre de s'abaisser jusqu'aux sentiments durs et bas. La survivance fréquente de sentiments bons et élevés nous procurera un caractère analogue, nous rendra aptes à devenir le temple vivant du Seigneur, en Lui donnant la possibilité de faire sa sainte volonté en nous, avec nous et par nous, sans nous faire violence. Nous deviendrons de vrais enfants de la lumière et il sera tout naturel de servir le bien, de croître de foi en foi, d'amour en amour, de sacrifice en sacrifice.

12. — Il faut tenir à l'harmonie chrétienne de l'âme et veiller à ce que la raison se soumettant à l'amour prime sur les sensations.

13. — Il faut de même tenir à la sainte harmonie de l'amour et veiller à ce que l'altruisme, se soumettant à l'amour pour Dieu, prime sur l'égoïsme.

14. — Il faut tenir aussi à la sainte harmonie

de la vie et veiller à ce que l'œuvre fraternelle, se soumettant à l'œuvre divine, prime sur l'œuvre matérielle.

15. — Il faut comprendre que l'école prépare à la vie, comme l'école de la vie doit préparer pour l'éternité. Les années scolaires passeront vite, il faut se dépêcher de s'imprégner de l'influence de l'école pour comprendre le bien, arriver à l'aimer et prendre des habitudes analogues pour entrer dans la vie bien trempé, apte à rester fidèle au bien, du côté de Dieu, au milieu de toutes les séductions, au milieu des circonstances les moins favorables, au milieu des périls mortels de la tempête de la vie.

16. — Les membres de la Confrérie doivent comprendre que tout ce qui est dit ici pour les élèves, est d'autant plus obligatoire pour eux et doit être atteint dans la Confrérie à un degré supérieur.

XV

LE CERCLE FRATERNEL CADET (C. F. C.)

1. — Son but : organiser le bien dans la vie des élèves, unir les enfants de bonne volonté, leur créer une atmosphère morale, salubre, leur donner la possibilité de respirer librement et de s'entr'aider dans le bien.

2. — Peuvent devenir membres du C. F. C. tous les élèves qui désirent se conformer au bien, qui par le cœur sont passés de son côté et sont résolus à ne pas être suffisants dans le mal, tous ceux qui ont pour les membres du C. F. C. assez d'amour fraternel pour avoir le droit de leur donner le nom de frères sans mentir.

3. — Ses membres doivent comprendre que le C. F. C. sera ce qu'ils en feront eux-mêmes : une grande et sainte œuvre de transfiguration morale et d'honnête solidarité dans

le bien ou un jeu indignement bas et menteur d'égoïstes orgueilleux et suffisants voulant poser dans des rôles d'anges.

4. — Sur la voie bénie de transfiguration morale, les membres du C. F. C. doivent tâcher de se défendre : 1° de la honteuse paresse, d'une froide indifférence envers le Bien suprême — le Dieu vivant ; 2° de l'orgueil, qui nous fait croire que nos frères sont indignes de notre amour, de notre estime et de notre sollicitude et nous empêche de répondre à leur amour par l'amour et la reconnaissance ; 3° de la dissolution morale, qui nous empêche de nous maintenir dans la bonne voie, qui fait de nous le jouet de nos passions, des influences étrangères et des circonstances fortuites.

5. — Il faut comprendre que le moyen le plus sûr de la correction morale, c'est de grandir en amour, qui est « le lien de la perfection ». A mesure que grandit notre amour pour Dieu et nos frères, nous recevons plus de force pour vaincre en nous la paresse, l'orgueil, la volonté mauvaise et la versatilité d'une volonté dissolue.

6. — Les membres du C. F. C. doivent se souvenir que l'amour pour Dieu nous enseigne la bonne manière d'aimer les hommes, sans les gâter, sans les soutenir dans le mal, au con-

traire, en les rehaussant et les ennoblissant par notre amour.

7. — Ils doivent se souvenir que la bonne voie est celle des trois croix : de la foi, de l'amour et du travail ; qu'ils comptent pour premier devoir de se placer résolument sur cette voie et pour devoir de conscience et d'honneur de ne pas être suffisants, d'être au contraire pleins de repentir chaque fois que l'on a eu la faiblesse de la quitter.

8. — La croix de la foi pour eux consiste à vivre avec Dieu et non sans Lui, à marcher dans la vie par la foi et non par la vue.

9. — Vivre avec Dieu, c'est penser, sentir et agir en harmonie avec Lui, sans jamais se placer contre Lui, rester toujours avec Lui contre soi-même (l'humilité), contre les idées déicides (dans la littérature et les conversations), contre les sympathies déicides (l'absolution du mal), contre les actes déicides (pactiser avec le mal).

10. — Se mettre du côté de Dieu contre le mal ne veut pas dire haïr les méchants et leur faire du mal, mais bien ne pas pactiser avec le mal et servir la sainte cause du triomphe du bien le plus et le mieux possible. C'est là la manière divine de traiter le mal et les méchants.

11. — Marcher par la foi et non par la vue,

c'est croire en Dieu et au triomphe final du bien, s'intéresser dans les hommes et la vie beaucoup plus à ce qui est conforme à l'éternelle vérité de Dieu, qu'à ce qui est passagèrement en désaccord avec elle.

12. — Par rapport à Dieu, c'est vivre avec Dieu, qui est l'objet de notre foi, et non avec le mal, que nous voyons autour de nous. Confesser le royaume, la force et la gloire du bien, d'après notre foi en Dieu et non la force et l'utilité du mal, que nous voyons triompher à la foire de la vie. Réaliser le bien d'après la foi et non nous borner à combattre le mal que nous voyons.

13. — Par rapport à nos frères, c'est tâcher de les conquérir pour le bien, d'après la foi, au lieu de cancaner à propos du mal que nous voyons en eux.

14. — Par rapport à la vie, c'est se laisser guider dans la vie pratique par la foi et non par la routine, tenant pour désirable et réalisable ce qui est la vérité d'après la foi. Nous n'osons pas douter qu'il est possible et facile de réaliser ce qui est absolument irréalisable aux yeux de ceux dont les jugements ne sont fondés que sur la vue de ce qui se passe autour d'eux.

15. — Par rapport au C. F. C., c'est de ne

pas cancaner, ni juger et condamner les frères à propos du mal que l'on voit en eux, surtout ne pas excuser son indifférence pour l'œuvre du C. F. C., et même la trahison sous prétexte de faiblesses, mais bien travailler avec courage à la sainte œuvre, d'après la foi en ce qu'elle doit être, quand même ils ne seraient que deux ou trois à marcher par la foi au milieu d'une majorité écrasante d'indifférents et de paresseux. « Car où il y a deux ou trois personnes assemblées en Mon nom, j'y suis au milieu d'elles. » — « Ne crains point, petit troupeau, car il a plu à votre Père de vous donner le royaume. » La foi transplantera les montagnes, et la minorité sera plus forte que la majorité.

16. — La croix de l'amour consiste pour eux à rester pleins d'amour, de magnanimité, de douceur et de patience même vis-à-vis de mauvais sentiments et de mauvais traitements.

17. — La croix du travail pour eux consiste à montrer un bon exemple aux camarades, exécutant tout travail, même le plus lourd et désagréable, avec énergie et bonne volonté, dans l'esprit d'amour, de vénération et de confiance envers Dieu, qui nous a condamné à vivre sur terre, travaillant pour nous procurer le pain quotidien.

18. — Les membres du C. F. C. doivent comprendre que la force morale de rester fidèle à Dieu et de se maîtriser ne peut leur être donnée ni par leurs instituteurs, ni par leurs camarades, ni par eux-mêmes, mais seulement par le Dieu vivant, qui est la source de toute force morale, quand notre âme est en communion permanente avec Lui.

19. — En conséquence, ils doivent tout faire en communion avec Lui, craignant de se détacher de Lui, de s'arracher de Sa main, comme l'enfant craint de perdre de vue sa mère. Il faut constamment chercher Dieu par le cœur, Le sentir et recourir à Lui à tout moment, dans la joie, dans la douleur, dans l'irrésolution. C'est alors qu'Il peut, sans nous faire violence, nous donner la force de la grâce, de l'amour et faire la volonté de Son amour en nous, avec nous et par nous.

20. — Tous ceux qui entrent dans le C. F. C. doivent comprendre que son œuvre est une croix, librement acceptée par amour. Ils doivent sciemment prendre la croix et non désirer la joie, sans vouloir la croix. La joie couronne la croix. Ceux qui ne désirent pas la croix n'auront pas la joie.

21. — La croix du C. F. C. consiste à persévérer en amour pour Dieu et ses frères.

22. — Ceux qui agiront dans l'esprit d'abnégation, qui est celui de la croix, arriveront à vaincre en eux la pusillanimité de l'orgueil et de la paresse, mériteront l'amour, le respect et la confiance de leurs frères, auront la conscience de servir une œuvre bonne, honnête et sage, auront le bonheur d'être aimés et estimés par ceux qu'ils aiment et estiment eux-mêmes.

23. — Ceux qui ne veulent pas la croix vont inévitablement perdre l'amour des frères par leur orgueil et leur froideur, perdre l'estime et nuire à l'œuvre par leur paresse, perdre la confiance par leur versatilité. La joie est-elle possible dans ces circonstances? Ils auront la conscience que le mot « frère » est mensonge de leur part, mensonge aussi leur appartenance même au C. F. C.! Tout cela est affliction et non joie. La paresse leur fera trouver la vie du C. F. C. trop émouvante; par dissolution, ils la trouveront trop gênante; par orgueil, ils accuseront tout le monde pour se disculper et finiront par trahir, sous prétexte que les frères sont indignes de leur amour et de leur respect, que l'œuvre elle-même est indigne de leur attention et de leurs soucis.

24. — Les bons doivent former dans le C. F. C. une famille étroitement unie, prendre la position de maîtres de la situation, donner le

ton et sauvegarder le bien et l'honneur de l'œuvre commune.

25. — Les faibles et les versatiles doivent être traités d'après la parole du Sauveur: 1° repris seul à seul; 2° repris en compagnie de deux ou trois de leurs plus proches amis; 3° repris par toute l'Église mineure du C. F. C.

26. — Ceux qui, malgré tout, restent suffisants dans le mal, les orgueilleux ineptes à aimer et à se laisser guider avec humilité par ceux qui aiment, ne doivent pas être indéfiniment tolérés dans le C. F. C. Il faut les exclure avant qu'ils aient eu le temps de devenir pernicieux et de s'endurcir jusqu'à la haine.

27. — Les membres du C. F. C. doivent se comporter envers les autres camarades avec humilité, amour et égards, craignant d'être soupçonnés d'orgueil, désirant au plus vite avoir le droit de les appeler « frères ».

XVI

LE CERCLE FRATERNEL AINÉ (C. F. A.)

1. — Son but : unir les meilleures forces morales de l'école pour organiser l'œuvre de leur bonne influence sur les camarades plus jeunes et plus faibles.

2. — Il ne peut recevoir comme membres que les jeunes gens ayant une foi éclairée, comprenant bien les buts et les moyens propres à l'école, ayant résolument choisi la voie des trois croix : de la foi, de l'amour et du travail.

3. — La croix spéciale du C. F. A. : s'appliquer à amener à une foi vivante et éclairée, à l'inspiration d'un amour plein d'abnégation, s'appliquer à préserver du mal et à faciliter la croissance morale de tous les camarades, qui leur sont confiés, ayant pour eux un amour maternel et jaloux.

4. — Les membres du C. F. A. doivent être

pénétrés du sentiment de grandeur et de sainteté de l'œuvre qu'ils ont la joie et l'honneur de servir, le faire dans l'esprit d'humilité, de vénération, de crainte de Dieu, conscients de leur faiblesse, désireux d'être les instruments dociles de la sainte volonté de l'amour de Dieu, collaborateurs fidèles des anges gardiens.

5. — Par vénération pour l'œuvre qu'ils servent, ils doivent avoir un pieux amour les uns pour les autres, respectant en eux les serviteurs de l'œuvre éternelle de Dieu de l'œuvre d'amour et de vérité.

6. — En tout ils doivent essayer de donner le bon exemple, de crainte de scandaliser « l'un de ces petits ».

7. — Leur devoir principal est d'aimer avec constance à la lumière de l'amour pour Dieu les enfants qui leur sont confiés.

8. — Ils ne doivent jamais abandonner un enfant qui leur est confié sous prétexte qu'il ne veut pas accepter et qu'eux-même ne veulent pas lui imposer leurs bons offices. Les faits ont démontré que dans ces circonstances restent privés de bonnes influences ceux qui en ont le plus besoin ; on perd du temps précieux, l'élève se raffermit dans la mauvaise voie, d'où il est très difficile de le tirer plus tard, même

dans le cas où lui-même a la bonne volonté d'en sortir.

9. — Ils doivent frapper avec patience à la porte de l'esprit et du cœur, jusqu'à ce qu'elle s'ouvre pour Dieu et Sa vérité.

10. — L'amour doit leur apprendre à priser toutes les petites choses de la vie spirituelle de ceux qui leur sont confiés. La somme des petites choses forme le caractère de l'homme, le ton général de ses relations et de toute sa vie.

11. — Ils ne doivent pas fatiguer l'esprit du cadet par trop de conseils, ni l'effrayer par de trop grandes exigences.

12. — Avant tout ils doivent le réchauffer au feu de leur amour, l'amener à comprendre l'amour immense du Créateur. Il faut avant tout placer l'enfant au point de vue de Dieu, qui est amour, le bien lui deviendra facile à comprendre, simple et réalisable.

13. — Il faut que tout dans la vie et les relations de l'enfant soit compris par lui à la lumière de l'amour. Il comprendra que toutes les vertus ne sont que des nécessités urgentes de l'amour pour Dieu et Sa création, que des manifestations multiples de cet amour. Il comprendra que tous les vices ne sont que des crimes contre l'amour pour Dieu et Sa création.

Il comprendra que l'amour et le bien sont éternels, comme Dieu, que leur joug est aisé et leur fardeau léger, que c'est l'amour qui est la vie éternelle, l'union et la force de toute la création. Il comprendra que c'est le mal qui est compliqué, que c'est son joug qui est pénible et son fardeau lourd, que c'est l'orgueil haineux et la paresse égoïste qui sont mensonge, discorde, dissolution et mort pour la création, destinée par l'amour de Dieu au royaume éternel de la force et de la gloire de l'amour triomphant.

14. — A la lumière de l'amour il comprendra aisément en tout la vérité divine : dans la liberté de conscience, dans la nécessité de la vie terrestre du fils prodigue, dans l'état inévitable et passager du triomphe du mal et de la souffrance, enfin dans la rédemption du monde, cet acte d'amour et d'abnégation suprême.

15. — Les membres du C. F. A. doivent surtout s'appliquer à aider ceux qui leur sont confiés à se défaire de l'orgueil, de la méchanceté, de la paresse, du mensonge, du lucre et de la dissolution morale. Chaque fois que ces vices se manifestent, il faut réagir non seulement sur l'esprit, mais encore sur les cœurs, non seulement expliquer, mais encore réveiller le noble désir de réaliser le bien en soi.

16. — Ils ne doivent pas oublier que les représentants du bien et de l'amour doivent eux-mêmes rester fidèles à ces principes, suivant fidèlement les voies de paix et d'amour. En conséquence, ils doivent s'appliquer à réaliser le bien et à l'organiser harmonieusement beaucoup plus qu'à protester contre le mal et à lutter contre ses manifestations. C'est ainsi qu'ils doivent agir envers leurs cadets. Quand c'est l'orgueil qui se manifeste en eux, il faut les amener à bien comprendre la sagesse et la noblesse de l'humilité, provoquer en eux la soif des actes qui dérivent du sentiment de l'amour humble. L'amour est un feu qui purifie, éclaire et réchauffe tout. Le feu consumera tout ce qui est impur en nous, à sa lumière nous arriverons à comprendre ce qui est un mystère pour nous, sa chaleur nous remplira du feu sacré d'une sainte inspiration.

17. — Quand les efforts de l'aîné restent infructueux, il doit prier le Cercle de confier les cadets à d'autres dans l'espoir que celui qui aura le bonheur de leur inspirer plus d'amour, de respect et de confiance, pourra avoir sur eux une plus grande influence morale.

18. — Les membres du C. F. A. doivent donner le bon exemple d'une famille fraternelle très

amicale, très étroitement unie, dans son caractère d'Église mineure.

19. — Ils ne doivent pas se borner à se rendre compte des caractères et de la conduite des cadets. Ils doivent être encore plus exigeants pour soi, avoir le sentiment profond de solidarité dans la responsabilité. En conséquence, ils doivent considérer chaque méfait de leurs frères du point de vue du repentir de tout le C. F. A. et non de celui de l'accusation personnelle du coupable.

20. — Ils doivent pourtant tenir pour devoir de conscience d'éloigner du C. F. A., non seulement ceux de leurs membres qui seraient suffisants dans le mal, mais encore tous ceux qui, par leur versatilité, peuvent être un scandale pour l'école.

21. — Tout ce qui est dit à propos des membres du C. F. A. s'adapte parfaitement à la position des instituteurs et doit en conséquence être d'autant plus obligatoire pour eux.

XVII

L'ASSEMBLÉE BIMENSUELLE (A. B.)

1. — Elle doit être pleine de vie et d'intérêt pour tous. C'est l'addition de la vie morale de l'école durant les deux semaines écoulées.

2. — L'indifférence doit être considérée comme une injure grossière envers les instituteurs et les camarades, comme preuve d'un manque d'amour et d'estime pour eux.

3. — L'A. B. a lieu deux fois par mois, le samedi. Le programme de ses occupations est approximativement le suivant : 1° on lit le journal de l'école ; 2° les supérieurs font leur rapport verbal ; 3° les élèves font leurs remarques à propos des supérieurs et donnent leurs explications ; 4° on délibère sur les faits les plus marquants de la vie de l'école ; 5° on délibère sur toutes les propositions et les déclarations qui peuvent être faites par tous les assistants ;

6° on parle en été à propos des travaux et en hiver à propos des études, de l'application des élèves à leurs devoirs ; 7° on explique ce qui est mal compris, on tâche de stimuler la bonne volonté de ceux qui en manquent, on blâme ceux qui n'en ont pas, on exprime de la sympathie à ceux qui en font preuve ; 8° une fois par mois, on élit les supérieurs.

4. — Le journal de l'école doit donner le tableau bref et exact du jour écoulé.

5. — Cela peut amener ceux qui rempliront cette tâche consciencieusement, à envisager la vie plus sérieusement, à se rendre compte de ce qui se fait autour d'eux et de mieux exprimer leurs impressions.

6. — Il ne faut pas se gêner de faire toutes les déclarations désirables, comprenant que, faites à haute voix au milieu d'amis pleins de bienveillance, ces déclarations ne peuvent qu'être des preuves de confiance et d'honnête franchise.

7. — Il faut se souvenir que cette assemblée amicale est appelée à remplacer dans notre école les punitions qui font peur et les récompenses qui corrompent. Il faut avoir honte d'abuser de cette situation en restant indifférent au blâme et à l'approbation. Dans ce cas, l'assemblée bimensuelle ne peut avoir une in-

fluence profitable à l'éducation, et le séjour même à l'école devient inutile.

8. — Celui qui a mal agi fera bien de ne pas tâcher de se disculper. Après avoir avoué sa faute, il peut expliquer les circonstances, sans pourtant en faire des excuses.

9. — Il faut surtout éviter de s'excuser par la faute d'un autre. Chacun répond pour soi. Si nos proches sont mauvais, ce n'est pas une excuse pour nous si nous devenons aussi mauvais qu'eux. Si d'autres sont infidèles à Dieu et au bien, ce doit être au contraire une raison pour nous de les servir avec zèle et de leur rester fidèles.

10. — Chaque élève doit attacher du prix à toute assemblée scolaire et tâcher de n'en manquer aucune dans la crainte de perdre l'occasion de vivre de la vie commune avec ses camarades et ses instituteurs.

XVIII

L'ASSEMBLÉE DES CAMARADES (A. D. C.)

1. — On doit y assister avec des sentiments d'amour et de respect envers les camarades et le supérieur de l'école qui préside.

2. — Ce respect se manifeste dans l'intérêt que l'on porte aux délibérations, dans l'autorité consentie au président, dans le ton des relations mutuelles des membres de l'assemblée.

3. — L'A. D. C. ne doit jamais avoir le caractère d'une chambre criminelle, d'une lutte de partis et de vaines controverses.

4. — Elle doit toujours avoir le caractère d'une consultation amicale, en famille, sur les intérêts de la vie commune, dans le ton d'amour et de respect mutuels.

5. — Les délinquants doivent être traités par les camarades avec un amour jaloux, soucieux non seulement de les raisonner et convaincre,

mais encore de reconquérir leur cœur pour les ramener dans le bon chemin au point de ne plus être en danger de les perdre.

6. — Ceux qui s'obstinent dans le mal, n'ayant ni amour ni respect pour l'école, les instituteurs, les camarades et leur assemblée, doivent être rappelés par le président à de meilleurs sentiments. Dans le cas où cet appel resterait infructueux à son tour, le coupable doit être banni de l'assemblée afin de ne pas devenir pour elle un mauvais levain.

7. — Il ne faut pas se borner à délibérer sur les côtés sombres de la vie commune. Il faut bien plus réaliser le bien que lutter contre le mal. Si les côtés sombres de la vie doivent être une douleur commune, les manifestations du bien doivent d'autant plus nous unir dans une commune joie.

XIX

LES CONFÉRENCES

1. — Il y a des conférences : 1° générales pour la Confrérie et les écoles ; 2° particulières pour chaque école séparément, et 3° pour chaque classe.

2. — But des conférences : approfondir toutes les manifestations de la vie contemporaine du point de vue de la foi et de la vie d'après la foi, comprendre la portée vitale de la foi, se préparer à servir la réalisation pratique du christianisme.

3. — Il faut bien se rendre compte de la portée pratique de ces conférences pour ceux qui auront pour elles un vif intérêt, désirant sincèrement appliquer la vérité chrétienne à soi, à sa propre existence, mettre « la parole en pratique ».

4. — Les conférences sur les prières doivent

nous amener à comprendre profondément le sens de nos prières quotidiennes et à nous donner la résolution de réaliser dans la vie ce que nous demandons à Dieu de nous accorder.

5. — Les conférences sur la conception chrétienne du monde doivent nous aider à nous juger avec équité et repentance chaque fois que par nos idées, nos désirs et la pratique de notre vie nous sommes en désaccord avec la vérité chrétienne.

6. — Les conférences sur l'harmonie de l'âme chrétienne doivent nous aider à comprendre, à la lumière de la sainte harmonie de la vérité divine, la désharmonie spéciale à notre âme et à notre vie.

7. — Les lectures choisies des œuvres des meilleurs prédicateurs et des saints Pères de l'Eglise doivent inspirer de la sympathie pour les lectures de ce genre et provoquer le désir d'étudier les œuvres complètes de ces lumières de l'Église.

8. — Les conférences sur la Confrérie ouvrière doivent faciliter le choix conscient entre la Confrérie ouvrière et une autre carrière après la sortie de l'école.

XX

LES SUPÉRIEURS

1. — Sont nommés par le Conseil pédagogique pour la première préparatoire, élus par les camarades dans toutes les autres classes.

2. — Il faut choisir pour supérieur celui qui de toute la classe inspire le plus de respect et de confiance, étant le meilleur représentant de la classe.

3. — On doit le traiter avec égard et lui accorder une obéissance absolue.

4. — On doit avoir honte de manquer d'égard à ce meilleur entre tous les camarades et de ne pas savoir se maîtriser assez pour lui obéir librement et avec joie.

5. — Ceux qui sont grossiers et désobéissants envers lui outragent par là tous les camarades et tous les instituteurs.

6. — Leurs devoirs consistent : 1° à unir

toute la classe en une famille amicale, solidaire dans le désir d'avancer vers l'idéal proposé par l'école ; 2° à organiser harmonieusement la vie commune ; 3° à rappeler au bon ordre les camarades étourdis ou volontaires ; 4° à veiller sur une discipline rigoureuse ; 5° à montrer en tout un bon exemple ; 6° à préserver la classe de tout mauvais levain et de toute mauvaise influence.

7. — Aucune controverse ni excuse à propos de la désobéissance envers le supérieur ne sont admises.

8. — Aux assemblées hebdomadaires, chacun peut protester contre les ordres des supérieurs et donner ainsi la possibilité, soit de démontrer la droiture de ceux-ci, soit de conseiller à ces supérieurs d'agir autrement à l'avenir.

9. — Les protestations contre le supérieur ne doivent pas être réprouvées, car il peut facilement contracter de mauvaises habitudes dans le cas où ses fautes ne lui seraient pas signalées à temps.

10. — Ce qui peut devenir surtout pernicieux pour le supérieur même, c'est qu'il puisse contracter des habitudes d'orgueil, de suffisance, de grossièreté et de paresse, en abusant de sa position exceptionnelle.

11. — Le supérieur peut être réélu indéfini-

ment, tant que sa réélection n'est nuisible ni pour la classe ni pour lui-même.

12. — Une conduite correcte envers le supérieur peut faire un grand bien aux élèves comme exercice salutaire de subordination et de discipline volontaires.

XXI

RELATIONS ENVERS LE CERCLE FRATERNEL CADET

1. — Le C. F. C. doit être cher à tout bon élève comme l'honneur et le meilleur ornement de l'école.

2. — Tous les élèves doivent briguer l'honneur d'en faire partie.

3. — Personne ne doit excuser son indifférence envers lui sous prétexte des faiblesses de tel ou tel autre de ses membres.

4. — Le C. F. C. n'est pas composé de saints et d'anges impeccables mais bien d'enfants qui, malgré toutes leurs faiblesses, sont dignes d'estime par le fait qu'ils font partie de l'organisation du bien et lui sont fidèles.

5. — Ceux qui ont eu l'honneur d'être reçus au nombre des membres du C. F. C. doivent activement servir sa sainte cause, tâcher de

s'en rendre dignes et compter pour un devoir d'honneur de lui rester fidèles.

6. — Si l'élection se fait attendre, malgré le désir sincère de faire partie du C. F. C., il ne faut pas s'ériger en juge dans sa propre cause. Il faut attendre avec humilité que les membres du C. F. C. arrivent à avoir assez de confiance en notre bonne volonté et nos sentiments fraternels pour avoir le droit de nous donner avec conviction le nom de frère.

7. — Celui qui, après avoir été exclu du C. F. C., ou l'avoir quitté volontairement, répond par une froide indifférence à l'amour fraternel, ne désirant pas mériter le pardon ou se vengeant par une conduite hostile, fait preuve d'une telle cruauté, d'un tel orgueil et d'une telle suffisance dans le mal, qu'il n'a plus le droit de rester à l'école.

XXII

RELATIONS ENVERS LE CERCLE FRATERNEL AINÉ

1. — Tout ce qui a été dit à propos des relations envers le cercle fraternel cadet doit être adapté à un degré supérieur au C. F. A.

2. — Le C. F. A. est l'autel du temple de l'école et doit inspirer les sentiments d'amour et de vénération.

3. — Tout bon élève doit tâcher de se préparer à prendre part à son activité bénie, désireux de payer à l'école l'éducation reçue en faisant l'éducation des autres.

4. — Les élèves doivent comprendre que les membres du C. F. A. aussi ne sont pas des anges ni des saints du paradis, qu'il n'est donc pas logique d'excuser la mauvaise volonté en soi, d'avoir de mauvais sentiments pour l'école, le C. F. A. et ses membres, sous prétexte des défauts personnels de l'un d'eux.

5. — Chaque élève doit compter pour devoir d'honneur et de conscience d'avoir les sentiments d'amour, de respect et de confiance envers tous les membres du C. F. A. à cause de leur appartenance au cercle, et d'accepter avec humilité et reconnaissance leurs efforts pour lui être utiles.

6. — Le C. F. A. est le drapeau moral de l'école. Par respect pour elle, les élèves doivent non seulement lui témoigner du respect, mais encore protéger jalousement son honneur et sa réputation contre les attentats de ceux dont l'orgueil grossier et la méchanceté chicaneuse se révolteront contre toute manifestation d'amour et de respect, même vis-à-vis de ces meilleurs entre les bons.

7. — L'école n'usant d'aucune punition pour réprimer le mal, confie l'honneur, le bon renom et l'autorité du C. F. A. à la sauvegarde de tous les élèves.

8. — Toute manifestation d'arrogance, de grossièreté, d'ingratitude et de malveillance envers les membres du C. F. A. doit être considérée comme un outrage envers toute l'école et ses instituteurs.

9. — En conséquence, ceux qui ont eu le grand honneur d'être admis au C. F. A. doivent, à leur tour, être pénétrés de vénération pour

l'œuvre qu'ils servent, pleins de l'esprit de la crainte de Dieu, redoutant de nuire à la réputation du cercle et de donner un mauvais exemple.

10. — Le C. F. A. doit donc recevoir de nouveaux membres avec prudence, protéger jalousement le cercle contre tout mauvais levain et en exclure à temps ceux qui, n'étant pas à la hauteur de la situation, peuvent occasionner un mal incalculable au cercle et à toute l'école.

XXIII

LES CARACTÉRISTIQUES

1. — Une fois par an les caractéristiques sont écrites : 1° par les instituteurs, celles des membres du C. F. A. qui leur sont confiés ; 2° par les membres du C. F. A., celles des camarades qui leur sont confiés à leur tour.

2. — Leur but est de bien se rendre compte du caractère de celui dont on prend soin et de ses relations avec lui, de donner à ceux qui assistent à la lecture des caractéristiques la possibilité de dire leur sentiment, de délibérer en commun sur toutes les questions soulevées à cette occasion, et de décider en principe le plan à suivre à l'avenir.

3. — Les caractéristiques écrites par les instituteurs sont lues en commun par eux en présence du curateur de l'école.

4. — Les caractéristiques écrites par les

membres du C. F. A. sont lues devant tout le cercle en présence du curateur et des instituteurs.

5. — Ceux qui écrivent les caractéristiques doivent avoir la conscience de la sainteté de leur tâche et la remplir dans l'esprit d'amour et de respect envers l'esprit éternel, envers celui dont ils veulent comprendre le caractère pour l'aider à se purifier, à se fortifier dans le bien, à rallumer le feu sacré de l'amour dans son âme, à devenir temple de Dieu, à renoncer à soi, à prendre la croix d'un amour plein d'abnégation, à suivre le Christ et de cette manière profiter du salut et se réconcilier avec Dieu et son Église.

6. — Tous ceux qui assistent à la lecture des caractéristiques doivent être pénétrés des mêmes sentiments que celui qui les a écrites. Alors ils feront une œuvre vraiment grande et sainte.

7. — Dans le cas contraire, cela aussi pourra être banalisé, dénigré jusqu'à la bassesse de ceux qui le feront indignement, devenir une chose vide de sens, une lettre morte, une vaine cérémonie dans la vie de l'école. Les coupables pourront même, eux qui ont dénigré la sainteté au niveau de cette honte, s'enorgueillir, prendre pour une preuve de haute intelligence de leur

part l'acte héroïque de dénoncer l'inutilité de ce qu'ils font et de proposer la suppression de cette formalité inutile.

Tel est le sort de bien des œuvres saintes et belles entre les mains des pêcheurs suffisants de ce monde.

XXIV

CERCLES SCOLAIRES[1]

1. — Toute l'école présente une échelle harmonieuse de cercles, le curateur en tête.

2. — Le cercle supérieur est composé des instituteurs, le curateur en tête.

3. — Plusieurs membres du C. F. A. forment un cercle ayant en tête l'instituteur auquel ils sont confiés.

4. — Plusieurs élèves forment un cercle ayant en tête le membre du C. F. A. auquel ils sont confiés.

5. — Aucun des élèves ne doit vivre à l'école hors de ces cercles.

6. — Tous les élèves doivent être sous l'influence d'un homme moralement plus éclairé et plus fort, étant par lui en union vivante avec le curateur et les instituteurs.

7. — Tous ces cercles doivent être des fa-

milles fraternelles, étroitement unies chacune avec son président et par lui avec toute l'école, ayant le caractère d'une église mineure du Dieu vivant.

8. — Celui qui préside doit remplir ses fonctions avec abnégation, veillant jalousement à ne pas laisser passer les occasions de soutenir dans le bien, de préserver du mal, de réveiller le désir de servir avec abnégation la cause de l'amour triomphant et la conscience du devoir et de la responsabilité morale.

9. — Les membres du cercle doivent être francs, véridiques, honnêtes, pleins d'amour, de respect et de confiance envers celui qui préside, sincèrement désireux de comprendre, d'être compris et de profiter des conseils.

10. — Le curateur de l'école doit avoir la conscience profonde de sa responsabilité devant Dieu, Son Christ, Leur Église, l'État et les âmes éternelles de ses subordonnés. Il doit accomplir sa tâche avec vénération, dans l'esprit de la crainte de Dieu, n'oubliant jamais que l'œuvre de la transfiguration des âmes éternelles est l'unique œuvre éternelle de Dieu. Son suprême désir doit être que la volonté de Dieu se fasse en lui, avec lui et par lui.

XXV

LA CONFRÉRIE

1. — Peuvent être membres de la Confrérie seulement ceux qui réalisent consciencieusement son idéal ou ceux qui reconnaissent volontairement l'autorité des premiers et se laissent humblement guider par eux.

2. — Pour servir activement l'œuvre de la Confrérie, il faut comprendre qu'elle doit être l'œuvre de Dieu et le faire avec vénération et humilité, dans l'esprit de la crainte de Dieu.

3. — La bonne crainte de Dieu consiste à craindre de se détacher du Dieu vivant, de l'outrager, de Lui devenir étranger et de perdre la communion de la grâce divine.

4. — La bonne crainte de Dieu consiste aussi à craindre de dénaturer l'œuvre de Dieu, de la Lui voler en subordonnant l'œuvre à ses propres caprices ou à ses intérêts personnels ou

familiaux, en rabaissant l'œuvre au niveau de ses faiblesses au lieu de conformer sa personnalité et sa vie au bien de l'œuvre, ce qui nous rehausserait nous-mêmes jusqu'à la hauteur de l'œuvre de Dieu. Il faut avoir la crainte salutaire de nuire à l'œuvre de la Confrérie.

5.— Pour être un élément créateur et édifier la Confrérie, il faut embrasser résolument la voie des trois croix fondamentales, sans lesquelles il n'y a pas de vraie Confrérie ouvrière chrétienne : celles de la foi, de l'amour et du travail.

6. — La croix de la foi est acceptée par celui qui désire sincèrement vivre avec Dieu et la Confrérie dans les replis de sa pensée et de son cœur et non sans eux, par celui qui, plein de vénération, prend une part active à toutes les manifestations de la vie religieuse de la Confrérie, par celui qui désire sincèrement que le service divin au temple, les prières communes, toute la vie religieuse de la Confrérie dans son ensemble soit une vérité sacrée.

7. — La croix de l'amour est acceptée par celui qui tient pour devoir fraternel d'être doux et magnanime envers tous, pardonner de tout son cœur les offenses personnelles, sans jamais se croire le droit, pour aucune raison, d'être infidèle à l'amour; par celui qui tient pour devoir fraternel de prévenir les autres en amour

et en respect, sans marchander ses sentiments; par celui qui tient pour honteux d'offenser et non d'être offensé ; par celui qui est toujours prêt à confesser ses faiblesses et incapable de se tranquilliser avant d'avoir réparé sa faute et mérité le pardon de celui qui a été offensé.

8. — La croix du travail est acceptée par celui qui ne se croit pas en droit de vivre en sybarite, ne méprise aucun travail, ne comptant aucun travail au-dessous de sa dignité, ne cherche pas à imposer aux autres les besognes les plus lourdes et désagréables, par celui qui, au contraire, sera content de remplir ces besognes, comprenant que ceux-là sont précisément les héros du travail, qui, par amour pour Dieu et leurs frères, sont prêts à prendre sur eux le travail le plus lourd et le plus désagréable et remplir ce travail avec vénération comme une œuvre de Dieu, puisque ce sont les œuvres d'amour et d'abnégation qui sont les plus dignes d'inspirer à la Confrérie tout entière le plus de reconnaissance respectueuse. La croix du travail est acceptée par celui qui ne se croit pas en droit, sous prétexte de goût individuel et même sous prétexte de talent, d'exiger avec hauteur pour lui le travail le plus agréable, par celui qui, au contraire, est prêt à remplir avec humilité et probité le travail actuellement

le plus nécessaire, le plus utile pour la Confrérie.

9. — Pour servir fructueusement l'œuvre de la Confrérie, il faut comprendre que le mal suprême, c'est l'orgueil. C'est lui qui transforma Lucifer en Satan. C'est lui qui poussa Adam et Ève à mépriser le commandement de Dieu. C'est lui qui empêcha les Hébreux de reconnaître le Messie dans notre Sauveur. C'est lui qui leur conseilla de Le crucifier sur le Golgotha, après Lui avoir préféré le brigand Barrabas. C'est l'orgueil qui empêche les chrétiens de se repentir et de subordonner leur volonté pécheresse à la sainte volonté de Dieu. L'orgueilleux s'imagine être le centre du monde, oppose sa volonté égoïste à la volonté du Créateur et au bien de tous, croit pouvoir se passer de Dieu et de la communion de sa grâce, méprise toute l'humanité, à l'exception de quelques élus, sûr que personne ne mérite ni son amour ni son estime, que personne ne sait le comprendre ni l'estimer à sa juste valeur. L'orgueil est surtout dangereux au sein de la Confrérie; il devient l'empêchement principal à acquérir l'humilité de la foi vivante, de l'amour fraternel vrai et de la réelle discipline de l'amour; il devient la cause de l'exaspération contre le bien et les bons comme suite de la méfiance

contre les sentiments élevés d'amour et d'humilité, qu'il ne partage pas et ne peut sans humilité reconnaître pour vrais dans les autres. Acceptant l'amour des frères avec hauteur, comme une chose due, sans répondre à cet amour par l'humble gratitude d'un amour réciproque, l'orgueilleux se rend coupable d'un sacrilège si honteux et si affreux que, se répétant quotidiennement, ce sacrilège finit par endurcir l'âme dans le mal. De cette manière, l'homme orgueilleux peut devenir dans nos écoles et dans notre Confrérie pire, plus endurci dans le mal que partout ailleurs. De cette manière, Satan s'endurcit même dans le royaume de Dieu. Pour servir fructueusement l'œuvre de la Confrérie, il faut bien se souvenir de tout cela, ne jamais oublier que « Dieu résiste aux orgueilleux, mais il fait grâce aux humbles » (1), craindre le levain de l'orgueil et apprécier la noblesse morale de la bonne humilité.

10. — Pour servir fructueusement la Confrérie, il faut marcher par la foi et non par la vue, se laissant guider non par ce qu'il y a, mais par ce qui doit être d'après la foi ; il faut que cet esprit pénètre toutes nos relations et nous préserve de la honte, de la curiosité can-

(1) *Saint Jacques*, IV, 5.

canière en nous élevant à la hauteur d'un intérêt vivant pour l'idéal, que nous montre la foi.

11. — La discipline volontaire de l'amour est la base unique du bon ordre au sein de la Confrérie; c'est encore elle qui est une nécessité urgente pour le bien de toute l'humanité, qui, depuis si longtemps, rêve infructueusement à la liberté, à l'égalité et à la fraternité, sans vouloir comprendre que, sans la discipline volontaire de l'amour, l'humanité n'a qu'une alternative devant elle : celle de se plonger dans le chaos de l'anarchie ou de se plier au joug de la discipline obligatoire de la force ou du lucre.

12. — La discipline de l'amour oblige chaque membre de la famille fraternelle, non seulement à une obéissance volontaire, mais encore à accepter religieusement l'autorité de la famille fraternelle et de sa conscience vivante, le supérieur, l'autorité du Conseil supérieur de la Confrérie, la Douma, et de son président, qui est la conscience vivante de la Confrérie entière. Il faut comprendre que la discipline de l'amour veut que leur honneur et leur autorité soient considérés comme une chose sacrée et inviolable, que toute tentative de révolte et d'irrévérence à leur égard doit être considérée comme un outrage envers la Confrérie tout entière et

le levain morbide de la licence, du désaccord et de la désorganisation.

13. — L'esprit vivifiant, le sens vital de l'œuvre de la Confrérie consiste en la réalisation de la vérité religieuse, consiste à servir le triomphe de la vérité, du bien, de la paix, de l'amour et de la concorde par la voix de l'organisation harmonieuse du bien dans la vie. Tout appui accordé au mal et à son triomphe dans la vie, fût-ce au profit des gens qui nous sont les plus proches, est une trahison de notre part envers Dieu et la Confrérie, selon la parole de notre Sauveur : « Celui qui aime son père ou sa mère, son fils ou sa fille plus que Moi, n'est pas digne de Moi ».

14. — Appartenir à la Confrérie n'est qu'une lettre. L'esprit vivifiant consiste en la fidélité absolue à l'idéal de la Confrérie. Il faut comprendre que la Confrérie sera ce que nous en ferons : une chose sainte ou un sacrilège, que ce sera ainsi non seulement pour nous tous, dans notre ensemble, mais aussi pour chacun de nous séparément. Si nous avons la conscience de la sainteté de l'œuvre, nous aurons de la vénération pour elle, nous la servirons dans l'esprit de la crainte de Dieu, comme son œuvre à Lui. Chacune de nos idées, chacun de nos sentiments, chaque pas de notre vie auront

dans ces circonstances une portée immuable et éternelle, indépendamment de la manière d'agir de tous les autres. Nous trouverons une profonde satisfaction morale, la paix et la joie du cœur, la communion réelle de l'amour de Dieu, dans notre amour fraternel et dans l'idée que nous sommes l'instrument d'une œuvre vraiment grande et sainte. Si, au contraire, nous restons plein d'orgueil et d'égoïsme vis-à-vis de la Confrérie ouvrière, non seulement nous ne trouverons aucune satisfaction morale à servir cette œuvre, qui inspire aux autres les sentiments d'abnégation et de vénération, mais nous ne pourrons ne pas nous avouer à nous-mêmes que nous n'avons pas besoin de la Confrérie, qu'elle n'est pour nous qu'une contrainte déraisonnable et fatigante, une contrainte qui gêne la libre manifestation de notre individualité, hostile à l'esprit de fraternité. Dans ces circonstances, la Confrérie pour nous n'est que mensonge et sacrilège ; pour ne pas être obligé au repentir, nous serons fatalement amenés à calomnier la Confrérie, à dire que c'est elle qui est indigne d'amour et d'abnégation, que c'est nous qui agissons avec sagesse et probité en la trahissant.

15. — Notre Confrérie ouvrière, étant russe et orthodoxe, ne doit jamais oublier qu'elle doit

toujours rester fidèle à Dieu et à Sa vérité éternelle, au point de vue chrétien, ne jamais devenir d'esclave de Dieu esclave des hommes, ne consentant jamais à nommer blanc ce qui est noir pour acheter la bienveillance de « ce monde ». Elle doit en même temps avoir la conscience profonde de sa fidélité et de son amour filial envers l'Église orthodoxe et la Patrie russe, désirer sincèrement et de tout cœur que notre Confrérie ouvrière soit pour la gloire de Dieu, au profit de son œuvre éternelle, pour le bien de l'Église et de la Patrie.

16. — La Confrérie ne doit pas tolérer parmi ses membres ceux qui sont des orgueilleux et des égoïstes suffisants, ceux pour qui servir la Confrérie avec discernement et probité n'est pas une nécessité urgente de la conscience, ceux qui, par faiblesse, étant encore peu fermes sur cette voie, n'ont pas assez d'humilité pour être pleins d'amour, de respect et de confiance pour les plus forts, pour les soutiens de la Confrérie, reconnaître en eux les maîtres naturels de l'œuvre et les prendre avec reconnaissance pour guides.

17. — On ne doit pas tolérer dans la Confrérie ceux qui sont suffisants dans le manque de foi, ceux qui se laissent entraîner par des théories scientifiques, des œuvres littéraires ou des

faits hostiles à la foi et au principe fraternel.

18. — Ceux qui se croient le droit de manifester leur irrévérence par rapport à la vie religieuse de la Confrérie, au culte de l'Église orthodoxe, à l'Église et à la Patrie.

19. — Ceux qui, se croyant orthodoxes et patriotes, ne sont que des fanatiques religieux et chauvinistes et se croient le droit de traiter sans amour et respect tout ce qui appartient à d'autres religions ou d'autres nationalités.

20. — Ceux qui ne se croient pas en devoir de conformer leur vie personnelle et familiale au bien de la Confrérie, qui croient au contraire avoir le droit d'exploiter la Confrérie.

21. — Ceux qui se croient le droit de traiter les autres sans amour ni respect et importent de cette manière dans la vie commune l'esprit d'une exigence grossière.

22. — Ceux qui désirent le sybaritisme et ne se font pas un devoir de conscience d'élaborer le plus de valeur au profit de la Confrérie, de dépenser le moins possible pour soi et sa famille.

23. — Ceux qui sont des orgueilleux suffisants et ne se croient pas tenus en conscience de répondre, par l'amour et la reconnaissance, à l'amour des autres.

24. — Ceux qui sont des cancaniers suffisants

prêts à semer la discorde et à répandre des bruits malfaisants, quand bien même ils le feraient sans malveillance, exclusivement par pusillanimité et par légèreté.

25. — Ceux qui ne désirent pas et ne comptent pas pour devoir de conscience de se soumettre à la discipline de l'amour au point de respecter l'autorité du conseil supérieur, du président, des supérieurs des familles fraternelles et de leur obéir.

26. — Ceux qui se croient le droit de ne pas avoir de respect pour la Confrérie, le conseil supérieur et leurs élus.

27. — Enfin ceux qui croient avoir le droit de mettre leurs intérêts personnels et familiaux au-dessus de leurs devoirs envers Dieu et la Confrérie ouvrière.

XXVI

LA DOUMA (CONSEIL SUPÉRIEUR)

1. — Elle doit veiller à organiser harmonieusement la vie et le travail au sein de la Confrérie sur les bases de l'amour envers Dieu et les frères.

2. — Elle doit constamment appeler les familles fraternelles à rester fermement sur la voie de l'édification active, sage et dévouée de la Confrérie.

3. — Elle doit jalousement protéger la Confrérie contre toute tentative de perversion de son sens vital par les influences pernicieuses du dehors et surtout par les ennemis intérieurs, — l'égoïsme personnel et familial.

4. — Si les membres de la Confrérie sont à la hauteur de la discipline de l'amour, reconnaissent humblement les droits de la Douma, la traitent avec respect et lui obéissent volontiers,

la Douma doit consulter l'assemblée générale sur toutes les questions graves et prendre en considération son opinion, sans jamais pourtant oublier que prendre des résolutions indépendantes de l'opinion de la majorité chaque fois que la conscience lui ordonne de le faire est non seulement son droit mais encore son devoir.

5. — Si, au contraire, la majorité est orgueilleuse et volontaire, la Douma doit maintenir ses droits légitimes dans toute leur rigueur, exiger une obéissance absolue et éloigner de la Confrérie tous les éléments de discorde, afin que la discipline de l'amour et la solidarité dans l'union de paix et d'amour soient maintenues.

6. — Elle ne doit pas prendre sur elle la responsabilité du règlement des détails de la vie personnelle ou familiale en conservant seulement à leur égard le droit de contrôle suprême.

7. — Elle doit prendre sur sa responsabilité le ton général de la vie commune et éditer les règlements obligatoires pour tous. Ce sont les familles fraternelles et leurs supérieurs, qui doivent veiller à ce que les décisions de la Douma soient respectées et réalisées.

8. — Si la famille fraternelle a épuisé tous les moyens d'influence morale et ne peut continuer à prendre sur sa responsabilité celui qui per-

sévère dans le mal, la Douma l'invite à comparaître, entend ses explications et, selon les exigences de sa conscience, l'exhorte, le réprimande ou l'exclut de la Confrérie.

9. — Si le délinquant ne se soumet pas volontiers aux décisions de la Douma, continue à se montrer volontaire ou manque de respect, la Douma doit le faire comparaître une seconde et troisième fois, sans perdre de temps, jusqu'à ce qu'il se repente, se soumette ou soit exclu.

10. — Elle doit éloigner de la Confrérie tous ceux qui se montrent suffisants dans le mal, surtout les orgueilleux et les égoïstes suffisants, sans fausse pitié pour ce levain destructeur.

11. — Pour accélérer la marche des affaires courantes, la Douma nomme une commission permanente de trois de ses membres, qui reçoit le droit de recevoir le témoignage des familles fraternelles, de faire comparaître les délinquants, d'entendre leurs explications, de les exhorter et même de les réprimander.

12. — La question de l'exclusion du sein de la Confrérie doit être délibérée chaque fois en assemblée plénière de la Douma.

XXXII

LE CONSEIL ÉCONOMIQUE

1. — Son but : l'organisation harmonieuse de la vie ouvrière et économique de la Confrérie.

2. — Il élabore le plan de la vie ouvrière et économique.

3. — Il veille à la stricte réalisation du plan approuvé par l'assemblée générale.

4. — Il élabore le budget des dépenses pour l'année suivante selon les revenus de la Confrérie.

5. — Il veille à ce que la vie des familles fraternelles ne s'écarte pas du caractère d'une simplicité peu coûteuse, qu'elle soit garantie de tout luxe, que l'on soit économe et que le travail soit productif.

6. — Il doit prévenir la Douma de toutes les déviations regrettables de la vie ouvrière et

économique, chaque fois que ses remarques, ses conseils et même ses réquisitions resteront sans résultats.

7. — Le compte rendu économique, qu'il doit présenter chaque année à l'assemblée générale, ne doit pas avoir le caractère de chiffres nus. Le Conseil économique doit déduire, des données acquises par les chiffres, des conclusions nettes et précises sur la vie économique de la Confrérie en entier et de chaque famille fraternelle en particulier, expliquer ces conclusions et la position qui en dérive, proposer les changements désirables. Tout cela doit être fait par écrit et lu dans l'assemblée générale comme supplément au compte rendu.

8. — L'activité du Conseil économique doit avoir un caractère pratique et non théorique. Il ne doit pas se borner à prendre des conclusions et à donner des conseils. Il doit prendre toutes les mesures nécessaires pour que ses conseils soient suivis à temps.

9. — Pour accélérer la marche des affaires et la rendre permanente, le Conseil économique constitue de trois de ses membres une commission exécutive, chargée de s'occuper des affaires courantes, de contrôler les caisses et de surveiller la réalisation des décisions du Conseil économique.

XXVIII

LE PRÉSIDENT

1. — Doit se considérer et être reconnu par tous comme la conscience vivante de la Confrérie, responsable du ton général de toute la Confrérie et de chaque famille fraternelle en particulier.

XXIX

LES SUPÉRIEURS

1. — Doivent se considérer et être reconnus par tous comme conscience vivante de leur famille fraternelle, responsables du ton général de la vie de toute la famille fraternelle et de chacun de ses membres en particulier.

XXX

LA FAMILLE FRATERNELLE

1. — La Douma confie à la famille fraternelle l'honneur de la Confrérie, de la Douma, du président et du supérieur.

2. — La Douma charge la famille fraternelle de considérer comme une affaire de conscience le soin de coordonner la vie intérieure de la famille fraternelle au bien de toute la Confrérie, selon les décisions de la Douma, et de ne pas souffrir chez soi la présence du mauvais levain des gens suffisants dans le mal, surtout de ceux qui sont des orgueilleux et des égoïstes contents d'eux-mêmes.

3. — La famille fraternelle doit comprendre la sainte tâche qui lui incombe, celle d'élever les âmes de l'étroitesse et la bassesse de l'égoïsme à la largeur et l'élévation de l'amour universel. Dans son sein, les cœurs doivent

s'élargir consécutivement de l'étroitesse, de l'égoïsme individuel et famillial jusqu'à la largeur d'un amour plein de tendresse pour toute la famille fraternelle, pour toute la Confrérie, pour toute l'Église, pour tout l'Univers.

4. — La famille fraternelle doit se considérer comme Église mineure, vivre avec Dieu et la Confrérie dans les esprits et les cœurs, éloignant du temple de la famille fraternelle tous ceux qui voudront en faire « une caverne » d'orgueilleux et d'égoïstes.

5. — Elle doit comprendre que l'esprit vivifiant de l'œuvre consiste précisément dans le triomphe de l'amour humble et désintéressé sur l'orgueil et l'égoïsme. C'est une œuvre difficile, car elle n'est pas routinière ; elle est impossible sans la transfiguration des âmes, qui à son tour est impossible sans un miracle de la grâce divine. Nous sommes pleins d'habitudes conformes à une routine séculaire et antifraternelle ; voilà pourquoi il nous est très facile de revenir sur la voie habituelle de l'orgueil et de l'égoïsme et très difficile de nous maintenir sur la voie nouvelle et inusitée de l'amour humble et triomphant.

6. — En conséquence, c'est précisément l'orgueil et l'égoïsme suffisants qui sont le levain le plus dangereux, capable d'empoisonner

la vie commune et d'amener à trahir l'œuvre.

7. — Les symptômes indubitables de l'orgueil suffisants sont : 1° l'absence de la foi, qui est l'orgueil vis-à-vis du Créateur et l'ingratitude vis-à-vis de son Christ, notre Sauveur ; 2° une froide indifférence envers les intérêts de la vie commune, un morne isolement au milieu des frères, orgueil et ingratitude envers la Confrérie et les frères ; 3° l'absence de repentir et du désir de réparer ses fautes avec inclination de se disculper et de rendre responsables les autres ; 4° l'insubordination poussée jusqu'à la négation du devoir de la discipline volontaire de l'amour.

8. — Les symptômes indubitables de l'égoïsme suffisant sont : 1° le sybaritisme ; 2° le mépris du travail physique ; 3° l'absence de l'esprit d'économie ; 4° l'inclination à tout considérer non au point de vue des intérêts communs de toute la Confrérie, mais bien de celui de ses goûts individuels et des intérêts personnels ou familiaux.

9. — La famille fraternelle doit poursuivre deux buts : 1° réaliser des relations vraiment fraternelles, dans l'esprit de vénération, de paix, d'amour et de joie, au point que tous les membres de la famille se sentent moralement réchauffés et consolés dans le nid commun ;

2° protéger la Confrérie en se garantissant soi-même jalousement de tout levain malfaisant, destructeur, mortel pour le principe de l'œuvre.

10. — Tous les membres des familles fraternelles doivent comprendre que leur premier devoir envers Dieu et la Confrérie est de porter la croix de l'œuvre suivant Jésus-Christ, avec probité dans l'esprit d'abnégation volontaire et consciencieuse et de ne pas sacrifier les intérêts de l'œuvre en s'arrangeant d'une manière commode pour soi et sa famille personnelle sur la croix de la Confrérie, sous prétexte que c'est plus agréable et profitable que de suivre Jésus sur le Golgotha de la vie terrestre.

11. — Tous les bons membres de la famille fraternelle doivent comprendre que leur premier devoir envers le supérieur de la famille est de se rallier étroitement à lui et de vivre en famille unie, sincèrement désireuse de réaliser l'idéal fraternel au sein de sa famille, attentive à la voix de sa conscience vivante, bien décidée à protéger l'honneur et l'autorité du supérieur, ne lui manquant jamais de respect et d'obéissance.

12. — Le premier devoir envers la famille fraternelle est de contribuer à la paix et à l'harmonie de la vie commune, cherchant à concilier et, s'il le faut, à soumettre ses intérêts indivi-

duels et ceux de sa famille personnelle ou bien de la famille fraternelle, témoignant toujours la bonne volonté de se soumettre aux exigences de la discipline de l'amour.

13. — Tous doivent reconnaître que le premier devoir mutuel est un amour fraternel vivant et tendre, considérant comme péché devant Dieu et comme crime envers les frères l'absence d'amour et de respect, bien décidé à n'excuser ce péché criminel sous aucun prétexte, ne devenant jamais, de frère, juge et, à plus forte raison, bourreau.

14. — Pour maintenir la paix et le bon ordre, les frères sont invités à ne faire à personne aucune remarque ou remontrance, exerçant les uns sur les autres une bonne influence morale exclusivement par un bon exemple personnel, sans se permettre de punir, même par le ton des relations.

15. — Pour protéger efficacement la famille fraternelle de tout levain morbide, tous les frères et sœurs, désireux de contribuer au bien commun, doivent se rallier étroitement autour du supérieur, devenir maîtres de la situation et donner le ton à la vie de toute la famille fraternelle.

16. — Avant la prière du soir, chaque jour, s'il est possible, une fois par semaine obligatoire-

ment, la famille fraternelle se rend compte des résultats de sa vie morale. Ici, tous doivent compter pour devoir de conscience de dire avec amour et respect, mais aussi avec pleine franchise, leur opinion sur tout ce qui leur déplaît dans la pratique de la vie commune, de la vie de chacun des membres et même du supérieur.

17. — Toutes les réunions de la famille fraternelle doivent avoir un caractère amical et paisible, sans jamais tomber dans le ton de la dispute et des personnalités. Tous doivent laisser parler les autres et répliquer dans le ton de l'amour fraternel, de l'humilité et du respect réciproque.

18. — On ne doit jamais tolérer dans ces réunions ni un ton de négligence et d'impertinence, en désaccord avec le respect dû à la famille fraternelle, ni des discussions stériles sur la lettre morte, revenant toujours à l'esprit vivifiant des choses. Ce n'est pas celui qui, plein de zèle pour le bien, a dit une vérité dure, qui a mal agi, mais celui dont les impulsions étaient grossières et basses.

19. — Dans ces réunions, il faut toujours se maintenir fermement sur le terrain de l'édification de la Confrérie ouvrière dans l'esprit de la crainte de Dieu et de sa protection contre tout mauvais levain, considérant de ce point de vue

tous les faits de la vie commune et toutes les manifestations individuelles. Jamais ces réunions ne doivent avoir le caractère d'un tribunal, tolérer la justification du mal et surtout la suffisance dans le mal sous prétexte qu'un autre est aussi fautif ou même plus fautif encore. Celui qui a mal agi, mal pensé ou mal senti doit se repentir, sans chercher d'excuse dans la faute d'un autre ou dans des circonstances quelconques. Après, il faut tâcher de provoquer le repentir en tous ceux qui l'ont poussé ou aidé à mal faire.

20. — La famille fraternelle doit exhorter, supplier le frère ou la sœur fautifs de se raviser et de se repentir, l'amener à s'humilier jusqu'à la sincère confession de sa culpabilité non seulement envers l'offensé, mais surtout envers Dieu et l'Église mineure de la Confrérie ouvrière, jusqu'à ressentir la nécessité morale de réparer le mal et le scandale occasionnés par le bon exemple d'un humble repentir et d'un humble amour, sans avoir la fausse honte de se montrer humble après n'avoir pas eu honte d'être un scandale.

21. — La famille fraternelle doit considérer comme un devoir d'honneur envers Dieu, la Confrérie et le coupable, de ne pas avoir pour lui l'indifférence de le laisser non repenti. Il

faut continuer à l'exhorter et le supplier chaque jour, jusqu'à ce qu'il soit amené à l'humilité et à la repentance, comprenant que dans son endurcissement il arrivera inévitablement à contracter de mauvaises habitudes et à devenir suffisant dans le mal, finira par haïr le bien, par le calomnier, et sera perdu, de cette manière, pour leur amour fraternel et pour l'œuvre de la Confrérie.

22. — Il faut comprendre que l'œuvre de la Confrérie ouvrière est précisément la croix que nous pouvons, en renonçant à nous-mêmes, prendre sur nous et porter à la suite du Christ avec le plus d'avantage pour l'œuvre de Dieu, son Église, notre patrie et toute l'humanité. Il faut comprendre que cette croix est grande et lourde, que ceux qui veulent la porter avec amour et énergie sont peu nombreux. Trahir cette œuvre est un grand crime et une pusillanimité honteuse. Ce n'est donc pas seulement pour nous et la Confrérie, mais aussi par amour pour le frère coupable, que nous devons craindre cette extrémité et prendre toutes les mesures nécessaires pour le préserver de cette ignominie.

23. — Quand la famille fraternelle a perdu tout espoir de ramener un frère ou une sœur dans le bon chemin, elle doit compter pour

devoir d'honneur d'en prévenir la Douma, sans se permettre par pitié pour le coupable d'être impitoyable envers toute la famille fraternelle et par elle envers la Confrérie tout entière, en leur inoculant indéfiniment la gangrène du mauvais levain.

24. — La famille fraternelle organise à son gré sa vie intérieure, non dans le sens du droit de méconnaître les présents règlements et l'autorité de la Douma, mais dans celui du devoir de manifester le plus de bonne énergie pour bien organiser sa vie intérieure sans attendre pour cela ni prescription ni stimulation, comprenant sa responsabilité en cela devant Dieu et la Confrérie.

25. — Plus la famille fraternelle fera preuve de bienfaisante énergie en harmonie avec le bien général de la Confrérie en organisant harmonieusement sa vie religieuse, morale, économique et ouvrière, plus elle inspirera à la Confrérie et la Douma les sentiments de confiance, de respect et de gratitude.

XXXI

LA VIE RELIGIEUSE

1. — Il faut tendre à devenir religieux non seulement par la lettre, mais surtout en esprit, adorant Dieu en esprit et en vérité.

2. — Il faut que nos relations envers la vie et le monde entier deviennent religieuses. C'est dans l'esprit d'humble amour que nous devons traiter non seulement nos frères et sœurs, mais tous les hommes, même les animaux et les plantes, le monde entier, qui est l'idée réalisée de Dieu. Ce n'est qu'alors que deviendra religieuse la nature même de notre âme, et notre vie ne sera plus qu'un hymne à la gloire du Dieu vivant.

3. — Seul, le Dieu vivant peut nous donner les forces morales nécessaires pour prendre sur soi la croix ternaire de la foi, de l'amour et du travail. Nous devons donc considérer les sacre-

ments, le culte et la prière comme pain moral, ne nous bornant pas à la lettre, coopérant par nos rapports aux sacrements, au culte et aux prières à en faire le vrai sacrement de la communion de notre âme avec le Dieu vivant, recevant avec vénération la grâce des dons du Saint-Esprit, sans quoi tout dans notre vie religieuse deviendrait une forme vide, ne serait que sacrilège.

4. — Nous ne devons excuser notre indifférence et la froideur de notre âme sous aucun prétexte.

5. — Nous devons nous souvenir que les vérités religieuses ont assouvi les esprits les plus éclairés, réchauffé les âmes les plus élevées, quand ils considéraient tout du point de vue de l'amour, sans quoi il n'est possible de rien comprendre dans la création de l'amour suprême. Si nos esprits et nos cœurs ne sont pas contents, ne nous imaginons pas être au-dessus de la foi ; comprenons, au contraire, que nous sommes au-dessous d'elle, avouons humblement que nous avons perdu le terrain ferme de la vérité universelle et, considérant les choses d'un autre point de vue que leur Créateur, nous ne comprenons plus Sa création, ni la vérité de la volonté de Son amour.

6. — Nous devons comprendre que, ayant la

foi vivante, il est impossible de ne pas aimer Dieu. Si nous aimons quoi que ce soit, nous ne pouvons ne pas aimer davantage le Créateur de ce que nous aimons. En tout ce que nous pouvons aimer, nous n'aimons qu'un faible reflet de la gloire de Son amour, de Sa sagesse, de Sa force, de Sa vérité et de Sa beauté.

7. — Dire : Je crois en Dieu, mais ne puis me départir d'une parfaite indifférence envers Lui, veut dire : Je veux aimer Dieu, mais ne puis le faire; il n'est pas digne de mon amour. C'est un affreux blasphème. Il faut se repentir humblement d'avoir laissé endurcir son cœur plein de méchanceté, il faut avoir honte devant Celui qui nous a créé avec le monde entier pour la félicité éternelle de la communion de Son amour. Il est ignoble de calomnier Dieu pour s'en faire une excuse.

8. — Dire ou seulement penser : Je ne puis aimer et être religieux, cela est contraire à mon caractère et à ma nature, c'est calomnier Dieu le Père en faisant croire que c'est Lui qui est responsable, ne nous ayant pas créé aptes à aimer et être bons.

9. — Dire : Je ne connais pas la volonté de Dieu et ne puis comprendre Sa vérité, est calomnier Dieu le Fils, le Sauveur du monde, faisant croire que Lui est responsable puisqu'Il

n'a su ni se faire comprendre ni nous persuader.

10. — Dire : Je crois et comprends, mais je n'ai pas la force d'aimer et de rester fidèle à Dieu, est calomnier Dieu le Saint-Esprit en faisant supposer qu'Il nous donne une pierre au lieu des forces morales, que nous Lui demandons. Dans le domaine de la morale, dire « je ne puis » équivaut à « je ne veux ».

11. — Il faut avoir soif de la vérité divine, craindre de se détacher de Dieu, de rompre avec Lui, se souvenant toujours que Dieu a la violence en horreur, respecte le libre arbitre de Ses créatures et ne consentira pas à nous faire violence pour nous amener au bien. Si nous aimons le mal, Il ne nous obligera pas à remplir malgré nous Sa sainte volonté. C'est là la raison unique de l'existence du mal, que Dieu tolère temporairement dans Sa création. Nous devons craindre de nous mettre contre Dieu, dans les rangs de Ses ennemis rebelles, préférant avec eux le mal au bien et le brigand Barrabas aux élus de Dieu. Ne cherchons pas des échappatoires pour faire autrement.

12. — Nous devons vivre avec Dieu et non sans Lui, vérifiant constamment nos idées par la sagesse des lois divines, et nos désirs par sa sainte volonté. C'est un état constant de prière,

qui ne peut empêcher aucune occupation et qui en même temps nous dispose à l'humilité, qui seule peut donner à Dieu la possibilité de nous élever, sans nous faire violence, jusqu'à la gloire de l'harmonie de notre esprit avec la raison suprême et l'unanimité de notre cœur avec l'amour absolu.

13. — Quotidiennement en nous réveillant nous devons nous recommander à Dieu pour que notre première pensée Lui appartienne, pour que notre premier sentiment soit un élan sincère de tout notre être vers notre Créateur, notre Sauveur, notre Consolateur, pour que notre âme éprouve au seuil du jour naissant les sentiments bénis d'amour et d'humble vénération.

14. — Quotidiennement, en nous couchant, il faut nous recommander de nouveau à Dieu et nous rendre compte de la journée écoulée.

15. — Chaque famille fraternelle doit se rassembler matin et soir pour faire une prière commune. Ce n'est pas le grand nombre des prières qu'il faut. Il faut que les prières soient sincères, sans quoi elles ne seront que blasphèmes. Si on a assez d'amour pour vouloir dire beaucoup de prières, tant mieux. Quand on a peu de temps, on peut se borner à des prières très courtes, même à l'unique prière dominicale.

16. — Au commencement de la prière, chacun doit faire un effort moral pour se départir de tout souci, se concentrer et ouvrir ainsi son âme à l'action de la grâce divine.

17. — Pendant la prière, il faut s'humilier jusqu'à la simplicité enfantine de foi et d'amour. Il faut, non raisonner, mais comprendre que nous sommes là devant Dieu, que c'est à Lui que nous parlons, que c'est Lui qui nous voit et nous écoute. Il faut sincèrement et chaleureusement désirer ce que nous demandons dans notre prière. Maintenant que nous-mêmes nous avons inventé les télégraphes, les téléphones et commençons à lire les idées de notre prochain, il nous est facile de comprendre que ce n'est pas Celui qui a créé l'œil qui peut être embarrassé de nous voir, ni Celui qui a créé l'oreille embarrassé de nous entendre, ni Celui qui a créé le monde qui peut manquer d'amour au point de ne pas nous comprendre et de ne pas savoir apprécier à leur juste valeur nos idées et nos sentiments les plus intimes.

18. — Il faut que le baiser fraternel à la fin de la prière soit aussi une vérité vivante; ce sera le saint ternaire de l'amour envers le frère que nous embrassons, envers le saint dont il porte le nom et envers Dieu, notre Créateur, Sauveur et Consolateur.

19. — Si notre zèle faiblit au point que la prière commune et le baiser fraternel cessent d'être une nécessité urgente pour notre cœur, nous ne devons pas nous plier à nos faiblesses, mais bien nous repentir et prier Dieu avec ferveur de réveiller et réchauffer nos cœurs engourdis.

20. — Nous devons ne jamais oublier que l'amour est la vie et la santé de nos âmes, comme l'indifférence et la méchanceté sont une lèpre mortelle pour elles. Nous devons craindre pour nous non seulement les sentiments mauvais, mais encore la froide indifférence pour Dieu et les hommes, qui est aussi une lèpre mortelle ; nous devons nous repentir, quand nous aimons peu, comprenant que c'est encore un péché et un outrage à Dieu et notre à prochain.

21. — Chaque fois que nous restons indifférents au bien, ou que nous sympathisons au mal, nous sommes infidèles à Dieu, nous nous rangeons, contre Lui, dans les rangs de ses ennemis. Si nous ne l'oublions jamais, cela nous rendra stables et fermes sur la voie du bien, invincibles malgré notre humble amour pour toute la création, ce que ne peuvent comprendre ceux qui considèrent l'humilité et l'amour comme faiblesses et ne croient qu'en la force du mal.

22. — Nous ne devons pas avoir la légèreté de suivre la mode, en niant l'existence et l'influence réelle des mauvais esprits, pour ne pas devenir le jouet de ceux que nous nions. Notre Confrérie ouvrière, qui est une œuvre d'organisation harmonieuse du bien, est naturellement en butte aux attaques les plus enragées des forces mauvaises. Il n'est pas sage de nier les forces de l'adversaire, il est fou de nier l'adversaire même, si nous voulons lui résister et le vaincre.

23. — Nous devons bien comprendre la haute portée vitale du jeûne, qui est l'abstinence de tout ce qui entrave la vie de l'âme et le triomphe de l'amour en nous.

24. — Nous devons continuellement moralement jeûner, nous abstenant de l'orgueil, de la méchanceté, du lucre, du luxe, de la grossièreté, de la trivialité et de toute habitude inutile, et surtout de celles qui sont malsaines, telles que fumer, jouer aux cartes, etc.

25. — Tous ceux qui désirent remplir les obligations du carême en mangeant maigre doivent avoir la possibilité de le faire, même dans le cas où tous les autres membres de la même famille fraternelle mangeraient gras ce jour-là.

26. — Durant toutes les sept semaines du

grand carême, on doit se préparer à faire ses dévotions et communier en commun pendant la semaine de la Passion ; de plus, manger maigre est obligatoire pour tous les membres bien portants de notre Confrérie.

XXXXII.

LE CULTE

1. — Nous devons, par notre vénération pour le temple et le culte, coopérer à en faire une vérité vivante de notre existence.

2. — En entrant dans le temple, nous devons comprendre que nous entrons littéralement dans la maison de Dieu, oublier tous nos soucis mondains et diriger toutes nos idées et tous nos sentiments vers notre Créateur, Sauveur et Consolateur.

3. — Comme pendant les prières communes, nous devons prendre une part active en les récitant volontiers nous-même; ainsi, en assistant au culte, nous devons tenir à manifester notre sentiment religieux dans les formes usitées dans notre Église. Cela doit être simultanément un acte de profession de foi devant les

hommes et un acte d'amour fraternel pour nos coreligionnaires.

4. — De même nous devons tâcher de donner à toutes les prières et à tous les actes du culte le plus de portée vitale possible, harmonisant notre vie individuelle et l'œuvre de la Confrérie avec l'œuvre éternelle de Dieu et la vie de Son Église.

5. — Toutes les principales fêtes constituées par l'Église orthodoxe doivent être fêtées par nous non seulement d'après la lettre, mais en esprit et en vérité. Nous devons tâcher de coordonner notre vie privée et la vie commune de la Confrérie à l'esprit vivifiant de la fête. Ainsi, le jour de la fête de l'Exaltation de la Sainte-Croix, nous devons vérifier à quel point nous désirons exalter la croix de Notre-Seigneur dans notre propre esprit, dans notre propre cœur, dans les esprits et les cœurs de notre prochain, dans la vie spirituelle et morale de la Confrérie; nous devons nous repentir et prier Dieu de nous donner la force de mieux exalter la croix dans les esprits, les cœurs et la vie, que nous ne l'avons fait jusque-là.

6. — Nous ne devons pas oublier que les paroles de l'Église se rapportant au sacrement de la communion : « Celui qui boit et mange sans en être digne, mange et boit sa condam-

nation » sont également vraies par rapport à tous les autres sacrements. Les sacrements aussi seront une chose sainte ou un blasphème selon les sentiments que nous avons à leur égard. Nous devons les approcher avec vénération, dans l'esprit de la crainte de Dieu, avec foi et amour, sans douter de l'efficacité de la grâce divine que nous recevons.

XXXIII

LA VIE INTELLECTUELLE

1. — Nous devons nous souvenir que, pour un membre d'une Confrérie chrétienne, le développement intellectuel doit toujours être un moyen et non un but final. Ce doit être un moyen de mieux servir l'œuvre de la Confrérie en arrivant à mieux comprendre la volonté du Créateur, sans jamais devenir un but en faveur duquel on ait le droit de considérer le bien commun de l'œuvre comme chose secondaire, et l'œuvre même comme moyen d'arriver à ce but suprême.

2. — Nous devons comprendre que la Confrérie ouvrière n'est ni une académie de sciences ni une salle de lecture, mais bien une association ouvrière chrétienne, qui doit avoir pour base la foi agissante par l'amour. En conséquence, la vérité vivante de la moralité élémen-

taire fraternelle veut que nous fassions plus de cas de la foi vivante, de l'amour humble, de la douceur, de l'abnégation et de la probité ouvrière que de l'intellectualité, de l'érudition et des talents. Ce sont les qualités morales que nous devons encourager le plus par la sympathie et le respect général.

3. — Nous ne devons pas nous permettre de nous occuper de la lecture au lieu de travailler, pendant les heures destinées au travail considérant comme travail la lecture même.

4. — Nous devons comprendre que la majorité des livres scientifiques et littéraires ont été écrits par des hommes vivant sans Dieu, très éloignés par leur point de départ, par leurs convictions et leurs sentiments de l'esprit fraternel chrétien, par les représentants de l'intellectualité déifiée, athée. En conséquence, la lecture mal choisie sera d'autant plus dangereuse, à mesure que nous sommes faibles de foi et d'amour, à mesure que l'écrivain ou le poète athée ont plus de talent.

5. — Nous devons comprendre, d'après la vérité chrétienne, que les idées et les sentiments contraires à la volonté de l'amour du Dieu vivant sont un vrai poison pour l'âme, poison plus malfaisant et plus morbide que ceux qui ne peuvent tuer que le corps. Les idées et

les sentiments diaboliques atteignent l'âme, importent en elle la peste de la suffisance dans l'orgueil et l'égoïsme, la tuent pour l'œuvre de paix et d'amour ici-bas, pour le règne de Dieu au Ciel.

6. — En conséquence, la famille fraternelle doit prévenir ses membres du danger des mauvaises lectures, surtout ceux qui, n'étant pas entièrement fermes dans l'esprit fraternel, sont trop suffisants pour comprendre le danger et sont sûrs que rien ne peut être dangereux pour eux.

7. — Nous devons rester fidèles à la Confrérie dans le domaine de la pensée, tâchant d'arririver à l'unanimité des convictions, sans quoi il n'y a pas de fraternité mentale entre nous. Nous devons donc tendre vers l'union et l'harmonie générale dans le domaine de la pensée, encourager les lectures communes, les causeries en commun à propos de ce qui a été lu, le caractère communicatif des relations fraternelles. Ceux qui se confinent dans une morne solitude et une froide taciturnité au sein de la Confrérie font preuve d'une absence totale d'amour et de confiance.

8. — Dans le domaine de la vie intellectuelle, nous devons aussi agir avec abnégation, dans l'esprit de la fidélité à la croix fraternelle, sans

quoi il est impossible d'ériger la Confrérie avec succès et probité. La croix fraternelle consiste précisément à mettre en tout le bien commun de l'œuvre au-dessus de ses goûts et de ses inclinations individuelles. Nous devons agir de même pour la lecture : lire ce qui peut profiter au bien de la Confrérie, quand même par indifférence pour le bien commun nous serions porté à nous intéresser à autre chose; prendre part à la lecture en commun, quand même nous serions porté à la lecture solitaire par nos inclinations antifraternelles; nous forcer à remplir notre devoir d'amour et d'estime envers nos frères, en leur ouvrant notre âme avec confiance, tâchant de les comprendre et d'être compris par eux, quand même pour cela il faudrait faire un grand effort sur nous-mêmes, ne ressentant pas par orgueil, indifférence ou paresse morale, le besoin d'harmonie intellectuelle avec ceux à qui nous donnons le nom sacré de frère.

XXXIV

LE TRAVAIL

1. — Nous devons comprendre que l'humanité a besoin d'une certaine quantité de valeur pour vivre sur terre. C'est un acte d'amour que de produire le plus de valeurs possible pour le bien de tous; c'est un acte d'égoïsme que de consommer pour soi ou sa famille personnelle plus que le nécessaire.

2. — De cette manière, le travail sera pour nous un acte d'amour ; ce n'est même que dans le cas où par amour on travail avec abnégation que le travail est méritoire.

3. — Le plus lourd travail, quand il est exécuté sansamour, avec exaspération, par nécessité, non seulement ne peut pas être prôné, comme le font souvent les adulateurs de la populace, mais encore n'a même aucune valeur morale.

4. — Faisant partie d'une Confrérie ouvrière, qui organise le travail sur la base de l'amour pour Dieu et le prochain, selon les préceptes de notre Sauveur, nous devons bien comprendre que le travail est comme un culte sacré, qui doit être accompli avec vénération, comme le commandement de Dieu et un devoir sacré d'amour fraternel.

5. — Les membres des familles fraternelles ouvrières doivent tâcher de rendre leur travail le plus productif possible, sous le rapport de la qualité et de la quantité en même temps, comprenant que produire beaucoup et bien est pour eux un devoir de conscience fraternelle.

6. — Pour cela, il est nécessaire que l'on travaille non seulement bien, mais encore vite, que le travail même soit bien organisé, discipliné et escompté.

7. — Il faut compter pour devoir de conscience de traiter le travail d'une manière bien raisonnée, et tenir pour péché et honte la légèreté et l'indifférence en cette matière.

8. — Ceux qui s'occupent d'un travail qu'il est difficile d'escompter, comme les intendants les précepteurs, les économes, les teneurs de livres, etc., etc., doivent compter pour devoir de conscience de ne pas abuser de cette situation exclusive, ne pas perdre le temps inuti-

lement, ne pas perdre les bonnes habitudes fraternelles, tâcher de conformer en tout leur vie à celle de toute la Confrérie, se lever et se coucher aux mêmes heures que tous, ne pas perdre la trempe ouvrière pour pouvoir à tout moment rentrer dans les rangs des frères et remplir le travail dont la Confrérie aura le plus besoin.

9. — Il est très urgent que les membres de la Confrérie ne se spécialisent pas au point de ne plus pouvoir s'occuper d'autre chose, ce qui fait tant de mal hors de la Confrérie, où souvent on tolère pendant longtemps, au détriment des affaires, des gens qui ne sont bons à rien faire et se croient le droit d'exploiter leur position sans être utiles.

10. — Ceux qui ne veulent pas exploiter la Confrérie au profit de leur famille personnelle, mais au contraire sont bien décidés à renoncer à eux-mêmes, à prendre sur eux la croix de la Confrérie ouvrière et à la porter avec probité et dévouement après le Christ, doivent être toujours prêts à rentrer volontiers dans les rangs des frères ouvriers, cédant leur position exclusive à celui qui pourra la remplir le mieux.

11. — Pour cela, il est indispensable de tenir à ne pas perdre sa trempe ouvrière et de comp-

ler pour honte et péché de la négliger, ou bien de ne pas tâcher de l'acquérir. Les plus coupables en cela sont ceux qui, depuis leur enfance, ont été habitués au travail et ont été élevés dans nos écoles agronomiques.

12. — Il est très désirable, en conséquence, que tous ceux qui occupent des positions exclusives reviennent de temps en temps, le plus souvent et pour le plus longtemps possible, dans les rangs des frères ouvriers, non en qualité de visiteurs, considérant le travail comme une chose qui ne les regarde pas et dont ils s'occupent en guise de sport ou de gymnastique, mais se confondant parfaitement pour ce temps avec les frères ouvriers dans leur vie et leur travail.

13. — Il est surtout désirable que ceux qui s'occupent d'un travail purement intellectuel agissent de cette manière. Ainsi, les précepteurs après la vie sédentaire et les occupations mentales si fatigantes de la saison d'hiver, pourront, avec beaucoup de profit pour leur santé et sans perte pour leur spécialité, travailler tout l'été au sein d'une famille fraternelle ouvrière, ou avec les élèves de l'école agronomique. Cette école primaire n'étant pas une université, il n'y a pas lieu de se fatiguer beaucoup pour se préparer aux cours d'hiver.

14. — Toutes les familles fraternelles sont engagées à se préserver contre l'esprit de caprice et de mépris pour le travail. Pour préserver la Confrérie de ce danger, la famille fraternelle doit exécuter chaque travail personnellement et ne jamais tolérer dans les internats fraternels des serviteurs sur gage. Tous les travaux dans la vie intime, sans en exclure les plus malpropres et le plus désagréables, doivent être remplis par les membres de la Confrérie mêmes, afin de prévenir tout danger de sybaritisme.

15. — Ceux qui sont élus pour remplir une charge spéciale doivent compter pour devoir de conscience et d'honneur de se montrer dignes de la confiance qui leur a été témoignée, remplissant leurs devoirs avec zèle, craignant d'abuser de la confiance de la Confrérie bien plus que les employés salariés redoutent les remontrances, les amendes et la destitution.

16. — Tous les membres de la Confrérie, de leur côté, doivent respecter l'autorité de ses élus, leur obéir et remplir consciencieusement tous leurs ordres et leurs commissions.

XXXV

L'ÉCONOMIE

1. — Comprenant le rôle sacré du travail, nous devons comprendre aussi le rôle élevé, la haute dignité morale de l'économie. Toute valeur est le résultat du travail ; l'esprit d'économie est le fruit naturel du respect pour le travail et ses résultats.

2. — Si, hors de la Confrérie, l'économie peut avoir parfois le caractère honteux de l'avarice, et la prodigalité celui si sympathique de la magnanimité, au sein de la Confrérie, où l'on travaille et dépense en commun, l'esprit d'économie a toujours le caractère de magnanimité et d'humble respect pour le travail et le bien communs ; et la prodigalité, celui si honteux d'un orgueil grossier, d'une licence et d'un égoïsme bas, qui ne savent respecter ni le travail ni le bien communs.

3. — Nous devons être économe envers tout ce qui présente une valeur quelconque : le temps, les effets que nous possédons en commun ou en particulier, les bâtiments que nous habitons, les habits que nous portons, les aliments que nous consommons, chaque morceau de papier, chaque bouton, tout a sa valeur et peut former de grandes dépenses dans la vie commune. La prodigalité rend la vie chère, et la cherté de la vie nous amène à dépenser pour nous-même ce qui pourrait être donné à l'agrandissement de l'œuvre, à l'éducation d'un plus grand nombre d'enfants, à l'organisation du bien hors de la Confrérie.

4. — L'économie par rapport au temps veut que nous fassions tout en temps précis, sans jamais nous permettre de tarder, de faire perdre du temps à ceux qui nous attendent, sans jamais nous permettre de gaspiller le temps en nous livrant à une inactivité paresseuse aux heures destinées au travail. Il est surtout impardonnable, même pour ceux à qui leur spécialité donne le plus de liberté, de rester inactif, de tuer son temps d'une manière improductive le matin, avant dîner, quand la tête et les muscles sont frais après le repos de la nuit.

5. — L'économie par rapport aux valeurs exige la simplicité de tout notre train de vie,

l'ordre et la propreté. Le désordre amène inévitablement à la perte et au gaspillage des valeurs; la malpropreté oblige à remplacer souvent les effets qui, grâce à elle, sont devenus inutilisables.

6. — Les limites de l'économie désirable au sein de la Confrérie sont les suivantes : une simplicité à bon marché, salubre, élégante et propre.

7. — Nous devons être logiques dans nos relations envers les manifestations de l'application au travail et de l'économie : réprouver sévèrement la paresse insouciante et la prodigalité suffisante, respectant sincèrement, reconnaissant avec gratitude la haute valeur morale de l'homme laborieux et désintéressé, économe et plein d'abnégation, ce qui est si nécessaire pour pouvoir édifier l'œuvre de la Confrérie et réaliser la vérité chrétienne. Ce n'est que de cette manière que peut s'élaborer au sein de la Confrérie une opinion publique fidèle à son idéal, apte à exercer sur tous une influence salutaire et éducatrice : probe, logique de notre point de vue.

XXXVI

LES JEUNES GENS

1. — Les jeunes gens qui entrent dans la Confrérie, en sortant de nos écoles, doivent tenir à garder les bonnes habitudes morales qu'ils en emportent. Ils doivent se faire un devoir de progresser dans ces bonnes habitudes pour le bien de la Confrérie et non abuser de leur liberté en remplaçant petit à petit une noble retenue par une licence grossière.

2. — En entrant à la Confrérie, les jeunes gens doivent, tout en se comportant avec amour et humilité envers tous, avec vénération envers l'œuvre de la Confrérie et ses vétérans, ne jamais pourtant oublier que c'est Dieu et Sa vérité éternelle qui restent toujours et pour tous l'autorité suprême. Ils ne doivent donc ni se laisser tenter par le mal ni l'imiter, malgré la haute autorité de celui en qui ce mal se

manifeste, quand même la majorité des représentants de la Confrérie serait contre eux.

3. — Ils doivent comprendre que la Confrérie, n'est pas la majorité, mais ceux qui sont dévoués à l'œuvre avec le plus d'abnégation et la servent avec vénération, dans l'esprit de la crainte de Dieu. C'est précisément cette minorité qui représente l'œuvre de préférence ; c'est autour d'eux que doivent se grouper et s'unir étroitement ceux qui désirent se voir un jour dans les rangs des pionniers de la Confrérie ouvrière.

4. — Ils doivent, surtout les premiers temps, choisir avec discernement leurs amis personnels. Une suffisance étourdie en cela peut les placer sur une mauvaise voie, qu'il est toujours plus facile de ne pas aborder, que de la quitter plus tard.

5. — Ils doivent comprendre que les goûts et les inclinations personnels ne correspondent pas toujours au bien général et au bien de la Confrérie en particulier, qu'il est indispensable de les contrôler par la vérité divine et de les lui soumettre ; sans quoi, il est facile de devenir l'esclave de ses propres désirs, incapable d'organiser le bien et de servir l'œuvre de la Confrérie. Ce doit être la règle générale de leur conduite et de leurs relations. C'est présisément cela qui veut

dire : renoncer à soi-même, prendre sur soi la croix de la Confrérie ouvrière et suivre le Christ. Celui-là ne sera jamais un membre actif et utile de la Confrérie, qui ne veut pas se crucifier avec Jésus et avoir le droit de dire avec l'apôtre Paul : « Le Christ vit en moi. »

6. — Il faut comprendre que ceux qui, vivant au sein de la Confrérie, s'adonnent à des rêvasseries qui n'ont rien de commun avec elle, commettent un vrai sacrilège et outragent l'œuvre, qu'ils trouvent indigne d'inspirer l'esprit et le cœur, s'ils préfèrent rêvasser à autre chose. Ce à quoi nous rêvons devient le trésor de notre cœur : « Où est votre trésor, là sera aussi votre cœur. » Quand nous rêvons à autre chose qu'à organiser le mieux possible l'œuvre sacrée de la Confrérie ouvrière, nous lui aliénons notre cœur, et, tout en rêvant à des choses qui lui sont étrangères, nous finirons par méconnaître l'œuvre grande et sainte que nous avons l'obligation de servir.

7. — Il faut se souvenir que la vie est composée de petites choses et ne compter aucune minutie pour indigne de notre attention. Il faut être moralement entier, rester même dans les petites choses fidèle à Dieu, à l'amour et à la Confrérie, honnête, véridique, sans quoi, même au sein de la Confrérie, nous ne ferons

que rêver à elle, sans réaliser son idéal, ce qui nous amènera immanquablement à détruire la Confrérie ou à la trahir. Que peut-il y avoir de plus honteux qu'un homme enrôlé sous un drapeau sacré et lui étant à chaque moment, dans toutes les minuties de sa vie privée, infidèle, ne méritant ainsi ni amour ni respect? Il ne peut que calomnier le drapeau qu'il sert et embrouiller les esprits sur les questions de vérité et de bien, salissant tout par son attouchement impur.

8. — Les jeunes gens doivent surtout prendre bien garde de ne pas laisser prendre racine et croître en eux un sentiment d'amour personnel peu raisonnable. Notre cœur est comme l'autel du temple de notre âme. On ne doit pas y introduire quelqu'un sans se rendre compte qu'on peut le faire sans devenir par là infidèle à Dieu, sans souiller l'autel qui Lui est dédié.

9. — Ils doivent se souvenir que l'amour est une chose sacrée, que la Confrérie n'ose pas permettre que l'on en fasse un jeu sacrilège.

10. — Ils doivent savoir que tout sentiment est facile à maîtriser au commencement et très difficile à arracher du cœur quand on l'a laissé prendre racine. Il est plus facile de ne pas laisser entrer dans le temple de notre âme, et surtout dans le sanctuaire de notre cœur,

que d'en faire sortir la personne que nous avons laissée se placer sur l'autel, en guise d'idole, à la place de Dieu.

11. — Ils doivent comprendre que le mariage est une chose grande et sainte, que la famille doit être une Église mineure, unissant deux êtres par des liens indissolubles pour toute la vie, qu'il est criminel et honteux de ne pas harmoniser son choix avec son devoir de fidélité à Dieu et à la Confrérie.

12. — Ils ne doivent pas oublier que ni la beauté, ni l'esprit, ni les talents, ne peuvent être des garanties de la fidélité à Dieu et à la Confrérie, de l'aptitude à former une famille, qui, au sein de la Confrérie, doit avoir le caractère d'une Église mineure à la gloire de Dieu.

13. — Ils doivent comprendre que la manière si usitée de penser que dans l'affaire du mariage il est tout naturel de se laisser aller aux impulsions aveugles des caprices personnels, n'est en réalité que l'une des formules par lesquelles on renonce à Dieu, à son Christ, à leur vérité et au bien en général, formule équivalant aux dictons : « Ma chemise est mon plus proche prochain. » — « Il n'est pas possible de vivre par le bien exclusivement. » — « Que pouvons-nous, pauvres pécheurs ? »

14. — Ils doivent comprendre que s'aban-

donner à un sentiment sans savoir si l'on peut le faire sans trahir Dieu et la Confrérie, c'est hasarder, jouer ses relations envers eux. Même dans le cas où la fidélité à Dieu et à la Confrérie sera victorieuse, beaucoup d'énergie, que l'on pourrait employer à les servir, sera gaspillée à lutter contre un sentiment indigne d'eux.

15. — Donner son cœur à un être qui est plus représentant du mal que du bien est un acte de honteuse pusillanimité et d'infidélité à Dieu, à la Confrérie et au bien en général. Dans ce cas, il faut se repentir de cette déchéance, et non se trouver des excuses en acceptant les théories païennes de l'invincibilité des passions, de la naturalité du mal et de l'irresponsabilité des humains, privés du libre arbitre.

16. — Au sein de la Confrérie, en vue des relations si multiples et si étroites, les relations entre les hommes et les femmes en général et entre les jeunes gens des deux sexes en particulier doivent être très correctes, très circonspectes, surtout en comparaison du caractère banal et indigne de ces relations dans la routine de la vie environnante.

17. — Tous les membres de la Confrérie doivent jalousement veiller à ne pas compromettre la tranquillité d'âme et la réputation des frères et sœurs, sans distinction.

18. — En conséquence, toute familiarité grossière, toute coquetterie triviale, toute absence de modeste retenue entre les hommes et les femmes sont absolument défendues dans la Confrérie.

19. — Cela ne doit pas paralyser la simplicité et la parfaite aisance des relations pleines de cordialité et de confiance.

20. — Ceux qui se sentent tellement gênés par l'obligeance d'une modeste retenue, qu'ils préfèrent la taciturnité et la solitude, prouvent par là qu'ils ne savent pas se maîtriser et n'essayent pas de se conformer au bien évident de la Confrérie.

21. — Si l'absence de modeste retenue est pernicieuse pour le bien de la Confrérie, n'est pas non plus utile pour elle un isolement craintif, taciturne et gêné, qui rend tristes les assemblées et, ce qui pire est, empêche de se connaître les uns les autres.

22. — Il ne faut pas se tromper : si l'obligation d'une modeste retenue amène à une taciturnité gênée, nous ne sommes pas encore ce que nous devons être et craignons de nous montrer tels que nous sommes : dissolus et grossiers, privés de la dignité d'une noble modestie, sachant seulement nous taire ou faire preuve de l'absence d'une modeste retenue

en nous. Comprenant cela, nous devons nous repentir au lieu d'accuser la Confrérie d'avoir des exigences gênantes et minutieuses.

23. — Nous devons comprendre que l'amour est une chose si sacrée, que ce sentiment doit être respecté en chacun ; qu'en faire un objet de risée et de commérage est un péché et une cruauté. Celui qui se permettrait de parler avec légèreté, dans le ton du badinage, à propos des sentiments d'un tel pour une telle ou d'une telle pour un tel, mérite la désapprobation générale, comme cancanier et bavard dangereux. Nous devons comprendre que cela peut blesser et empêcher la simplicité des relations confiantes.

24. — Les jeunes gens doivent tâcher de conformer à l'idéal de la Confrérie non seulement leur être moral, mais encore les dehors de la vie et des relations : ennoblir leur extérieur, leurs manières, les thèmes et le style des conversations, s'appliquant à rester toujours et partout dignes du Père Céleste et de la Confrérie ouvrière.

25. — Ils doivent tendre à grandir moralement jusqu'à ressentir un vif intérêt pour ce qui est grand et saint, ce qui doit éternellement exister, selon la sainte volonté de l'amour du Créateur, au lieu d'être suffisants dans l'ignominie de l'intérêt intense pour les cancans

à propos de ce qu'il y a, de ce qui représente dans la vie le mal, temporairement triomphant, et de s'excuser par le honteux raisonnement qu'il est naturel que la jeunesse trouve le mal intéressant et le bien ennuyeux.

26. — Ils doivent surtout s'abstenir de toute médisance, non seulement par rapport aux frères et sœurs, comprenant jusqu'à quel point il est criminel de leur faire du mal en faisant circuler sur eux des bruits malveillants, mais encore par rapport au vrai mal que nous voyons hors de la Confrérie. Nous devons comprendre que la Confrérie proteste contre le mal en réalisant le bien, et ne pas dépenser nos forces morales à une critique infructueuse et aigrissante du mal. On se tranquillise, on endort sa conscience, en critiquant le mal, en prêchant le bien sans le réaliser, en continuant à vivre dans le mal. Comme résultat, on n'arrive qu'à plus d'exaspération, plus d'ignorance de la portée pratique du bien et plus de suffisance dans le mal. Conservons toute l'énergie de l'âme pour aimer le bien, pour chercher les voies raisonnables qui puissent nous amener à organiser harmonieusement le bien, pour la sainte cause de la réalisation du bien dans notre propre vie.

27. — Les jeunes gens doivent comprendre que, devenant membres de la Confrérie, ils

prennent sur eux l'obligation de coordonner avec probité le ton de leur vie, de leur esprit, de leurs sympathies et de toutes leurs relations à l'œuvre qu'ils servent. On ne doit pas, il n'est pas honnête, d'être suffisant dans le désaccord avec l'idéal de la Confrérie. Ceux qui ne le comprennent pas et exigent de la Confrérie de leur accorder le droit d'être volontaires, croyant que ce n'est pas eux qui doivent se conformer au bien de l'œuvre, mais que c'est l'œuvre qui doit se conformer à l'individualité de chacun, ressemblent parfaitement à ceux qui proclameraient le droit de danser dans une église ou de chanter autre chose que le chœur dont ils font partie.

28. — Ils doivent avoir conscience de leur responsabilité vis-à-vis de tous ceux qui les entourent, comprenant que leur disposition d'esprit réagit sur eux puissamment. Chaque parole, chaque regard, même le maintien, tout infiltre un bon ou un mauvais levain dans la vie commune.

29. — Les jeunes gens doivent être surtout circonspects dans leurs relations avec les élèves de nos écoles. Tout mauvais exemple, toute parole inconsidérée, venant de la part des membres de la Confrérie, ne peut ne pas être un scandale pernicieux.

XXXVII

LES GENS MARIÉS

1. — Les époux doivent se souvenir que leur famille personnelle aussi doit avoir le caractère d'une Église mineure.

2. — Ils doivent être pénétrés du sentiment de vénération mutuelle, comprenant que ce sont les sentiments d'amour et de respect mutuels qui sanctifient leurs relations matrimoniales.

3. — Ils doivent compter pour devoir d'honneur et de conscience de s'appliquer à se soutenir mutuellement dans la voie de l'amour, de la fidélité et de l'abnégation envers Dieu et la Confrérie.

4. — Ils doivent se préserver jalousement, tant personnellement que mutuellement, du mal de l'égoïsme familial, qui oppose le bien de la famille personnelle à celui de la famille fraternelle et de toute la Confrérie.

5. — Ils doivent se bien garantir de se soutenir mutuellement dans le mal en se disculpant et se défendant mutuellement dans les cas où la famille fraternelle ou le Conseil supérieur de la Douma trouveraient à redire contre la disposition d'esprit ou la manière de se conduire de l'un d'eux. Qu'ils n'oublient jamais qu'ils vivent au sein de la Confrérie au milieu d'amis, qu'ils n'ont aucune raison de se défendre contre eux et qu'il n'est pas raisonnable de se faire juge dans sa propre cause.

6. — Ils doivent comprendre qu'il n'y a aucune raison valable pour permettre aux gens mariés de se départir de la simplicité à bon marché de la vie des célibataires. Le luxe est même moins pardonnable aux gens mariés, car les frais de la famille sont plus élevés que les frais du célibataire.

7. — Les femmes mariées doivent s'appliquer à négliger le moins possible les soins du ménage de la famille fraternelle, sous prétexte des soins nécessités par la famille personnelle.

8. — Les femmes enceintes ne doivent pas changer leur train de vie habituel sans causes majeures. Elles doivent s'appliquer à ne pas trop se dorloter, ni s'adonner à la paresse sous prétexte de grossesse.

XXXVIII

LES ENFANTS

1. — Les parents et tous les membres de la Confrérie doivent considérer chaque enfant comme un esprit éternel confié par Dieu à leurs soins et à leur amour.

2. — Nous devons traiter chaque enfant avec vénération, tâchant de soutenir et de développer en lui tout ce qu'il a de bon, le préservant jalousement de toute tentation.

3. — Les parents surtout doivent bien se rendre compte de la responsabilité exceptionnelle qu'ils ont envers Dieu et la Confrérie. Ils doivent tâcher de développer dans l'enfant, dès le commencement de sa vie consciente, les sentiments d'amour fervent pour Dieu, d'amour, de confiance, de respect et d'abnégation envers la Confrérie, sans quoi ils n'ont aucun droit d'espérer pour eux ni une éducation fructueuse

dans les écoles de la Confrérie, ni sa protection dans la vie qui les attend hors d'elle.

4. — Tous les membres de la famille fraternelle doivent tâcher de seconder les parents dans leurs efforts de bien mener leurs enfants, conformant à leurs désirs toutes leurs relations avec les mineurs.

5. — Il faut traiter les enfants sérieusement, d'une manière réfléchie, avec douceur et amour, sans les gâter, sans jamais se permettre de s'en faire un jouet, ni de les tromper, même en plaisantant. Les enfants capricieux doivent être corrigés par une fermeté tranquille.

6. — Il faut habituer les enfants dès leur bas âge à tout ce qui est désirable pour la réalisation de l'idéal fraternel et les déshabituer avec insistance de tout ce qui serait un empêchement en cela.

7. — A l'avènement de l'âge scolaire, les parents doivent s'appliquer à prédisposer leurs enfants aux sentiments d'amour, de respect, de confiance et de soumission envers les écoles fraternelles et leurs précepteurs.

8. — Pendant le séjour des enfants à l'école, les parents sont tenus de coopérer honnêtement au succès de leur éducation, donnant aux enfants le bon exemple de bienveillance et de confiance envers l'école et les précepteurs, ne

se rangeant jamais du côté de l'enfant contre l'école qui en est mécontente.

9. — Si, malgré les efforts réunis des parents et des écoles fraternelles, l'enfant reste obstiné dans le mal et est exclu de l'école ou la quitte volontairement, la Confrérie ne doit pas faire des dépenses pour son éducation hors de la Confrérie. Ces enfants doivent devenir de simples ouvriers ou artisans. La Confrérie doit comprendre que l'érudition est un instrument dangereux dans la lutte pour la vie et ne pas la donner aux gens de mauvaise volonté. Ce serait les pousser à rester suffisants dans le mal et entraver la possibilité qu'ils puissent se repentir et revenir, en qualité de modestes travailleurs, au sein de la Confrérie, comme ses fils prodigues et repentis.

XXXIX

LES INSTITUTEURS

1. — Ils doivent former en commun une famille fraternelle étroitement unie pour le bien de la Confrérie ouvrière et de l'école, ayant absolument le caractère d'une Église mineure pour la gloire de Dieu.

2. — Ils doivent comprendre que tout ce qui se rapporte, dans ce manuel, aux écoles, aux élèves et aux deux cercles fraternels est d'autant plus obligatoire pour eux, qu'ils doivent donner un bon exemple à tous, prêchant la vérité divine et la vérité pratique de la Confrérie tant par les paroles que par leur vie.

3. — Ils doivent être entiers comme représentants de la Confrérie ouvrière tant par leur manière de penser que par leurs sympathies et les habitudes de leur vie pratique.

4. — Il est indipensable que les élèves sen-

tent en eux des hommes entièrement dévoués à la Confrérie, considérant tout du point de vue chrétien, employant toujours le jugement chrétien dans leur appréciation des hommes et des choses.

5. — Ils doivent se souvenir que le développement intellectuel et la trempe ouvrière n'ont aucune valeur morale par eux-mêmes entre les mains de gens de mauvaise volonté. Le principal est de former un homme entièrement dévoué au bien, qui emploiera honnêtement tout ce que l'école lui donnera pour la sainte cause du triomphe du bien dans la vie.

6. — Ils ne doivent pas oublier que nos écoles sont les seules en Russie qui essayent de préparer par la voie de l'éducation du caractère des gens aptes à réaliser la Confrérie ouvrière chrétienne. En conséquence, ils doivent attacher un grand prix à conserver tous les élèves pour l'œuvre de la Confrérie, considérant comme une honte pour l'école tout élève qui, étant préparé par une éducation de cinq ans, préférera autre chose, sous quelque prétexte que ce soit, à la sainte cause de l'édification de la Confrérie.

7. — Ils ne doivent pas oublier que la Confrérie, consciente de la portée immense de l'organisation harmonieuse de la vie et du tra-

vail sur la base de l'amour fraternel, légués par le Sauveur du monde, pour le bien de l'Église, de l'État et de l'humanité, ne peut consentir à dépenser ses moyens pour autre chose. Les sommes que dépensent les écoles sont destinées par la Confrérie à cette œuvre sacrée. Les instituteurs doivent comprendre que la Confrérie leur confie des sommes considérables et craindre que ces sommes ne soient gaspillées d'une manière improductive, car chaque élève qui ne veut pas servir la Confrérie après avoir fini son cours dans ses écoles, détourne de l'œuvre la somme qui a été dépensée pour lui.

8. — L'œuvre de la Confrérie est une œuvre de liberté, de foi et d'amour, étrangère à toute contrainte. C'est pour cela que nos écoles ne tiennent leurs élèves par aucunes obligations, même temporaires, à leur sortie. Les instituteurs sont d'autant plus tenus de faire tout ce qui dépend d'eux et profiter des cinq ans pour expliquer à chacun des élèves la vérité pratique de l'idéal de la Confrérie ouvrière chrétienne et pour provoquer le noble désir de servir avec abnégation l'œuvre de la réalisation de l'idéal chrétien dans la vie pratique.

9. — Les écoles entretenues aux frais de la Confrérie n'ont le droit d'exister que dans le

cas où elles atteignent le but proposé par elle. Il n'est possible ni d'ordonner ni d'espérer même que tous ceux qui ont été élevés dans nos écoles entrent dans la Confrérie à leur sortie. Il faut tendre avec persistance à ce que la majorité soit disposée à servir la Confrérie et se conduire bien au sein de l'œuvre.

Il faut que ceux qui entrent dans la Confrérie ne soient pas pusillanimes, poltrons, quand il s'agit de servir le bien, audacieusement légers pour faire le mal, d'autant plus suffisants dans le mal. Ils doivent être, au contraire, braves pour le bien, timides pour le mal, prêts à suivre vaillamment et avec joie le Christ sur tout Golgotha qu'ils devront affronter dans la vie pour faire triompher le bien et la vérité éternelle de l'amour de Dieu.

10. — Les instituteurs doivent rester durant les classes également des représentants entiers de la Confrérie chrétienne qui les a délégués, prêchant avec conséquence l'amour et la fraternité, n'exposant jamais les enfants à la tentation du ton antichrétien des représentants de l'intelligence athée ou de la bigoterie fétichiste, ne se permettant jamais de prêcher la haine et le mépris contre le passé, contre des nations entières, contre une religion quelconque, contre une classe quelconque de la société. Ils doivent

comprendre que dans la création de Dieu qui est amour, il n'y a que l'amour et la fraternité qui sont vraiment scientifiques, répondant à la vérité éternelle et absolue. Tout ce qui est contraire à l'amour et à la fraternité ne peut être scientifique, est une erreur mentale de ceux qui, s'appuyant sur des expériences partielles, ont négligé de prendre en considération dans les déductions qu'ils font le facteur suprême du monde, — la sage volonté de l'amour de Dieu.

11. — Chaque instituteur est spécialement responsable de ceux des élèves qui sont confiés à lui ou à ses cadets.

12. — Ceux pour qui la Confrérie et l'école ne sont pas l'intérêt suprême de la vie, ne peuvent occuper la place si responsable d'instituteur.

13. — Les instituteurs doivent vivre de la vie de l'école entrant dans tous ses menus intérêts, ne considérant aucune minutie de la vie des élèves comme indigne de leur sollicitude.

14. — Ils doivent protéger jalousement les élèves et toute l'école contre toute mauvaise influence venant de l'extérieur.

15. — Ils doivent s'abstenir de tout propos léger en parlant avec les élèves, tâchant de provoquer en eux un intérêt vivant pour tout

ce qui doit être éternellement, selon la vérité divine, sans jamais les séduire, non seulement par une bienveillance criminelle pour le mal, mais encore par un vif intérêt pour ce qui ne doit pas être, pour ce qui dans la vie est en contradiction avec la vérité divine et n'a par conséquent qu'un caractère passager dans la création.

16. — Acceptant ces règlements, les instituteurs comprendront qu'ils ne renferment en soi que les principes dirigeants de leurs devoirs, sans entraver la liberté la plus large dans l'application de ces principes à la pratique de la vie journalière. Plus ils feront preuve d'initiative éclairée et salutaire en organisant harmonieusement la vie de l'école et leur influence morale sur les élèves, plus ils auront mérité de confiance reconnaissante de la part du Conseil supérieur de la Douma.

XL

RELATIONS EXTÉRIEURES

1. — Les membres de la Confrérie doivent toujours et partout rester eux-mêmes, dans le ton de l'œuvre, sans imposer leurs idées, sans prendre sur soi le rôle de juges sévères, mais ne devenant jamais infidèles à la Confrérie ni par les paroles ni par les actes.

2. — Ils doivent traiter tout le monde avec amour et humilité, sans jamais devenir infidèles au bien, sans jamais pactiser avec le mal, sans jamais cesser de professer le Dieu vivant, qui est Amour, son Christ, son Église, la Confrérie ouvrière et tout ce qui est la vérité de Dieu; le faire hautement devant les hommes, sans jamais y faillir sous prétexte d'humble amour pour les méchants.

3. — Les bons doivent être traités avec amour et vénération, comme l'image sacrée de

Dieu, comprenant que, hors de la Confrérie, il y a plus de tentations et plus de mérite de rester fidèle à Dieu et au bien.

4. — Les mauvais doivent être traités avec politesse, dans la ferme résolution d'éluder toute complicité dans le mal, même tout ce qui pourrait sembler excuser le mal qu'ils font.

5. — Les membres de la Confrérie doivent tenir pour devoir de respect envers l'Église orthodoxe de traiter avec déférence tous les représentants du clergé, sachant pourtant rester fidèle à Dieu et au bien dans leurs relations avec eux.

6. — Ils doivent respecter l'autorité du pouvoir séculier, se soumettant volontiers à toutes les exigences légales des fonctionnaires.

7. — Ils doivent se souvenir constamment des paroles de l'apôtre : « Il n'y a ni Grec, ni Juif, ni circoncis, ni incirconcis, ni esclave, ni libre, ni homme, ni femme, mais tout et en tout le Christ. » Fidèles à l'esprit de ce commandement, ils doivent établir leurs relations selon la seule considération de la fidélité de tel ou tel homme au Dieu vivant et à Sa vérité.

8. — Ils doivent éviter les mauvaises compagnies et toute assemblée où la présence des représentants d'une Confrérie chrétienne serait déplacée.

9. — Par respect pour la Confrérie, ils doivent éviter la société des gens qui lui sont hostiles, surtout la société de ceux qui l'ont trahie et ne s'en repentent pas.

10. — En général, dans nos relations avec le monde extérieur, nous devons nous conformer à nos forces morales. Plus nous sommes fermes dans notre fidélité à Dieu et à l'œuvre de la Confrérie, plus nous pouvons nous permettre des rapports fréquents et étroits avec le monde extérieur. Moins nous avons le droit d'être sûrs de nos forces morales, plus nous devons humblement reconnaître l'avantage qu'il y a pour nous d'être isolés du mal.

11. — Tous nous devons jalousement défendre la liberté de notre vie fraternelle de toute tentative de la soumettre à la routine de la vie extérieure.

12. — Personne, pas même nos plus proches parents, n'a le droit, non seulement de venir habiter, mais même de rester longtemps en qualité de visiteurs dans les internats fraternels sans en avoir reçu la permission de la part du Conseil supérieur de la Douma. Même les visites de courte durée doivent cesser si la famille fraternelle les trouve peu désirables.

XLI

DÉVELOPPEMENT DE L'ŒUVRE

1. — Il faut tendre à remplacer au plus vite dans la Confrérie centrale tous les employés et les ouvriers salariés par des frères et sœurs, pour qu'il ne reste dans les confins de la Confrérie, comme habitant permanent, aucun homme, aucune femme, qui lui soit moralement étranger.

2. — Nous devons nous appliquer de toutes nos forces à organiser harmonieusement toute la vie intérieure au sein de la Confrérie sur la base de vraie fraternité chrétienne, afin que l'atmosphère morale dans le sanatorium de la Confrérie soit vraiment bienfaisante.

3. — Le Conseil supérieur de la Douma doit constamment stimuler la Confrérie à croître de foi en foi, d'amour en amour, d'effort en effort, pour que beaucoup de ses membres deviennent

au plus vite capables de réaliser la Confrérie ouvrière en pleine indépendance, partout et au milieu des circonstances les plus onéreuses.

4. — Il doit constamment préserver du danger mortel de la paresse spirituelle, d'une existence confortable et insoucieuse au milieu des joies douces de la vie fraternelle, en appelant la Confrérie à l'énergie généreuse d'un ardent désir de propager largement l'idée fraternelle et de contribuer à organiser la vie sur sa base, de passer au plus vite de l'égoïsme d'une Confrérie isolée à la sage abnégation de l'amour universel.

5. — Nous ne devons jamais oublier que notre but principal est de prêcher par les faits, de prouver la vérité pratique de la doctrine chrétienne. Nous ne devons jamais consentir à nous laisser entraîner sur les voies de la polémique verbale ou littéraire ou sur celles de la bienfaisance désordonnée au détriment du caractère fondamental de notre œuvre.

6. — Après avoir harmonieusement organisé l'œuvre au sein de la Confrérie centrale, nous devons tâcher qu'elle devienne le berceau du plus grand nombre de nouvelles confréries ouvrières, émanant comme des rayons de la Confrérie centrale.

7. — Le Conseil supérieur de la Douma doit,

tout en veillant à ce que cela ne se fasse pas au préjudice de la Confrérie centrale, en détacher des familles fraternelles capables d'organiser hors d'elle de nouvelles associations fraternelles : agricoles, industrielles, marchandes et même de toutes sortes de professions libérales, tant dans les campagnes que dans les villes, en Russie et à l'étranger, comme il trouvera bon de le faire, sans jamais pourtant amener la Confrérie centrale à devoir remplacer les partants par des gens salariés.

8. — Il ne doit jamais consentir à ce que des gens peu sûrs au point de vue de la Confrérie fassent partie de ces nouvelles associations.

9. — Il n'y a que ceux qui ont donné des preuves de leur fidélité absolue à l'œuvre, qui ont prouvé avoir non seulement accepté les croix fraternelles de foi, d'amour et de travail, mais encore avoir progressé dans cette voie, qui ont le droit d'inspirer de la confiance à la Douma, d'être reconnus aptes à servir la Confrérie en qualité de pionniers et de recevoir la commission honorifique de fonder une nouvelle unité fraternelle.

10. — Cette nouvelle unité fraternelle doit commencer l'affaire dans des conditions en rapport avec les forces dont elle dispose, sans recourir à l'aide de salariés permanents.

11. — La Douma élabore en commun avec les fondateurs de la nouvelle unité fraternelle le plan et les limites de son activité et précise la valeur du prêt nécessaire pour commencer l'affaire.

12. — Les fondateurs de la nouvelle association fraternelle souscrivent les conditions et les obligations que leur impose la Douma, après quoi ils reçoivent la somme du prêt, à charge de responsabilité et de caution solidaires.

13. — Ils choisissent entre eux le substitut du président de la Confrérie mère, confirmé par la Douma.

14. — Ils ne doivent pas compter sur de nouveaux prêts de la part de la Confrérie centrale, mais bien vivre et élargir leur œuvre, en se contentant des moyens qu'ils ont.

15. — Jusqu'à ce que le prêt reçu soit amorti, toute la propriété de la nouvelle association appartient à l'ancienne.

16. — Tant que cela dure, la nouvelle association doit donner chaque année un compte rendu détaillé de ses affaires économiques à la Confrérie centrale, qui a le droit de contrôle, celui de s'immiscer dans les affaires et même de liquidation et de confiscation pour rentrer en fonds.

17. — Après avoir remboursé le prêt, la nouvelle association devient à son tour une Confrérie tout à fait indépendante.

18. — L'union morale entre toutes les confréries ne doit jamais cesser. Elle doit être maintenue par la voie des comptes rendus échangés, de correspondance, de relations personnelles et de députations.

19. — Le président de la Confrérie centrale est président d'honneur de toutes les confréries ouvrières et doit être le lien vivant entre elles toutes.

EXTRAITS DES RÈGLEMENTS

ÉLABORÉS PAR LE CERCLE FRATERNEL AINÉ A LA LECTURE DES CARACTÉRISTIQUES

(1897)

1. — L'aîné ne doit jamais avoir la légèreté de montrer au cadet de la méfiance peu motivée. Il doit être obstinément confiant. Il faut cacher au cadet la méfiance comme un péché. Il vaut mieux se tromper par excès de confiance que de blesser sans raison par une méfiance déplacée. Il faut montrer au cadet, par le ton même des relations envers lui, que le mensonge et la malhonnêteté sont si abjects, que l'aîné ne doit pas s'abaisser jusqu'à la méfiance dans ce sens.

2. — Il n'est pas désirable de forcer les beaux sentiments. Ainsi, réprimander un enfant de n'avoir pas parlé de son amour pour

un tel le jour de sa fête, c'est provoquer l'hypocrisie. Il faut tâcher de lui inspirer l'amour dont tel est digne, mais non le réprimander de n'en pas parler, quand il n'a pas encore moralement grandi jusqu'aux sentiments désirables.

3. — Fermement résolus à mener les enfants, dont ils font l'éducation morale, par la voie de l'amour vers les habitudes d'amour triomphant, les aînés doivent concentrer leur attention avant tout sur les bons côtés du caractère du cadet qui leur est confié. Déraciner les défauts est une voie de lutte. Développer les qualités, organiser le bien dans l'âme même de l'enfant, voilà la voie de paix et d'amour. Appuyant et développant le bien, faisant flamber le feu sacré, on étouffe le mal par là même. Il vaut mieux ne pas apercevoir le mal que de méconnaître le bien qui, se rendant maître de l'âme de l'enfant, arrivera facilement à déraciner tout le mal que nous n'avons pas remarqué.

4. — Les aînés doivent bien faire attention à faire cesser les cancans, souvent dangereux pour la réputation de quelqu'un, si facilement et si légèrement répandus. Des bruits de ce genre naissent et se propagent trop souvent. Cela mène à des habitudes cancanières, très nuisibles dans chaque communauté.

5. — Ils doivent bien se rendre compte de la grande et sainte importance de la magnanimité qui est la somme de la douceur, de l'humilité et de l'amour et la plus haute expression de l'âme chrétienne. Il n'y a rien de plus honteux et de plus humiliant, pour un chrétien, que la pusillanimité et la trivialité d'une méchanceté chicaneuse, incapabable de pardonner une offense, de planer au-dessus d'un outrage, pleine du désir de mordre plus fort que l'on a été mordu. Il faut tâcher de s'exhausser jusqu'à la magnanimité, briguer ce suprême honneur de la noblesse de l'âme chrétienne. L'aîné doit considérer comme devoir d'honneur de montrer l'exemple de cette vertu et de la cultiver dans les âmes de leurs cadets.

6. — Il faut déshabituer les cadets du désordre, en insistant sur la nécessité de faire de l'ordre immédiatement et en leur présence.

7. — Il est désirable, pour mieux éclaircir le caractère, de détacher les lignes principales en écrivant la caractéristique, et de coordonner à ces bases principales tous les traits secondaires. Pour cela, il serait bien de préciser le caractère en quelques mots, bien nets, bien précis, et puis d'exposer toute la caractéristique, comme illustration et documents à l'appui de l'idée énoncée.

8. — Un des aînés a dit au cadet : « Ne me conte pas de balivernes, raconte-moi plutôt la vie de ton âme », tandis que ces balivernes étaient précisément ce qui intéressait le plus l'enfant. Il est désirable que l'on n'agisse jamais de cette manière, car cela peut paralyser la simplicité et la franchise des relations. Que peut dire l'enfant si ce n'est des balivernes, tant qu'il ne vit pas d'intérêts plus élevés? Il devra se taire ou parler de choses étrangères à son cœur pour faire plaisir à l'aîné. Au contraire, en écoutant avec patience et amour le babillage sans conséquences de l'enfant, tout en s'appliquant à éveiller son cœur et son esprit, l'aîné, sans perdre sa confiance amicale, aura une preuve irréfutable de la croissance morale de l'enfant, quand lui-même, de son plein gré, parlera de choses plus élevées.

9. — La vie jusqu'à présent a été si peu harmonieusement organisée sur la base d'amour fraternel, que l'on ne comprend que l'esprit méchant, qui se manifeste par la moquerie mordante, par un esprit belliqueux et querelleur, par le désir d'avoir le premier pas en écrasant, en humiliant les autres. En harmonie avec l'amour, l'esprit bon se manifestera tout autrement : par la profondeur de la sympathie clairvoyante pour les hommes, par la

profonde conscience de la vérité, par l'aptitude à se juger soi-même à sa juste valeur. La méchanceté des répliques, les boutades mordantes, seront paralysées par l'amour et la compassion. Il est désirable que cela n'induise pas en erreur les aînés, qui doivent réagir sur l'opinion publique de l'école en désapprouvant toujours l'esprit méchant d'un côté, en sachant comprendre et respecter les rares représentants de l'esprit bon, de l'autre.

10. — Il est désirable que l'aîné ne prenne jamais sur soi le rôle de juge froid ou de moraliste pédant, ce qui peut surtout nuire aux enfants bornés ou méchants, qui n'auront pas assez d'esprit ou de bonne volonté pour accepter leur conseil avec bienveillance. Il faut bien se rendre compte du caractère de l'enfant et manifester son amour pour lui dans les formes qu'il peut comprendre. Autrement il sera impossible de le persuader de la sincérité de nos sentiments. Il ne faut pas oublier que conseils et même sévérité ne peuvent être profitables à l'enfant que dans le cas où il est parfaitement sûr de notre amour.

11. — Il n'est pas désirable que l'aîné reste indifférent aux premiers symptômes des inclinations, même dans le cas où ces indices ne peuvent pas être pris pour preuve de talent.

Même les vrais talents au début peuvent être maladroits et ne pas se dévoiler immédiatement; puis l'aîné, malgré toutes ses qualités morales, s'il n'a pas de talent, ne peut être un juge compétent du talent qui se manifeste dans un autre; enfin même un grand talent peut ne pas savoir priser à sa juste valeur un talent différent du sien. Si l'entraînement va si loin, qu'il devient nuisible aux occupations ou aux relations avec les camarades, l'aîné peut appeler sur cela l'attention du cadet, mais il fera bien d'encourager toute initiative, chaque fois que le penchant qui se manifeste est bon en lui-même. Une influence très pernicieuse au développement des talents peut être exercée aussi par les camarades. Si les premiers essais, au lieu d'inspirer aux camarades de la sympathie et de la joie, comme nouvelle manifestation de la vie morale du frère bien-aimé, sont accueillis par des huées moqueuses, cela peut paralyser, faire douter des bons sentiments des camarades et établir à l'école le ton exécrable de grossièreté et de mépris pour la personnalité humaine. Les aînés doivent expliquer aux cadets quel effrayant indice de grossièreté morale, de violence et d'absence complète de noble magnanimité cela est. Tâchons de faire naître cet amour délicat et empressé à consoler et à soutenir, qui rendra l'atmosphère morale de l'école propice à l'éclosion de tous les talents, sans quoi ni l'école chrétienne ni la communauté fraternelle ne pourront être moralement confortables pour personne.

12. — Il faut que les enfants soient bien sûrs que personne, hormis leurs instituteurs directs, ne lira ce qu'ils écrivent dans leur journal. Alors seulement le journal sera écrit avec pleine franchise, sans omettre les détails intimes de la vie, détails qui peuvent avoir une portée immense dans la vie d'un enfant.

13. — Les aînés feront bien d'appeler l'attention de leurs cadets sur une manière défectueuse de formuler leurs idées, assez fréquentes parmi eux. Ils se comprennent à demi-mots et devinent le sens vrai caché sous une forme très défectueuse. Cela peut facilement induire en erreur les gens qui ont affaire à eux, sans les connaître beaucoup. Ainsi, au lieu de dire : « Ne continue pas tes relations avec lui, car cela pourrait vous nuire à tous deux », on dit : « car cela ne peut te profiter », ce qui donne à ce conseil un caractère d'égoïsme pratique tout à fait contraire à nos convictions et à l'esprit général de notre vie et de nos relations.

14. — Dans le cas où l'aîné trouverait dési-

rable pour le cadet quelque chose sortant des limites de sa compétence, il fera bien de porter son désir à la connaissance du Conseil pédagogique par l'entremise de l'instituteur à qui il est confié.

15. — Les caractéristiques nous apprennent que jusqu'à présent des relations très grossières et triviales sont possibles entre camarades. Il existe même un préjugé pernicieux en vertu duquel beaucoup trouvent étrange et même ridicule de traiter leurs camarades avec plus de noble délicatesse. La vérité est qu'il est tout aussi peu désirable de s'accommoder d'un extérieur élégamment mensonger que de mentir par un extérieur grossier, quand les sentiments ne sont pas tels. Il est désirable, au contraire, que les élèves aient la conviction que tout doit être en harmonie et qu'il est naturel et nécessaire que ceux qui parviennent à la noblesse morale, obligatoire pour tout vrai chrétien, se préoccupent en même temps d'harmoniser leur extérieur avec cette disposition d'esprit, en forme de politesse, de délicatesse, de noblesse de langage, de bonne manière et du ton général des relations réciproques. Il est désirable que toute grossièreté, toute trivialité, toute indécence provoquent la désapprobation générale, non dans la

forme de protestations malveillantes, mais bien dans celle d'un état moral, qui empêche même les plus grossiers d'étaler leur grossièreté devant ceux qui sont pleins de noblesse. Il n'y a que cette influence morale qui puisse remplacer parmi les chrétiens les mesures grossières dont usent les autres pour sauvegarder l'honneur et le ton chevaleresque. Le christianisme doit avoir ses règles de chevalerie et d'honneur supérieures en noblesse à l'étiquette la plus sévère des cercles les plus aristocratiques. C'est vers ces habitudes de noblesse, d'honneur et de chevalerie chrétienne, ennoblissant tant l'extérieur du chrétien que tout l'ensemble de ses relations, que nous devons aspirer de toutes les forces de notre âme.

16. — Il est désirable de bien expliquer la portée et de s'appliquer à développer les habitudes de la vraie humilité chrétienne. Notre école, grâce à ses particularités, peut mal influer sur les natures grossières, développant en elles l'orgueil. Le peuple russe, par suite des tristes circonstances historiques qui ont duré pendant des siècles, n'est pas habitué à se voir traiter avec délicatesse et respect humain. Se voyant traiter de cette manière par tous les représentants du pouvoir à l'école, les natures grossières

se pénètrent de suffisance et d'orgueil, sans imiter le bon exemple de l'humble délicatesse avec laquelle ils sont traités. Changer pour eux le ton général des relations est impossible, car une école chrétienne ne peut, sous aucun prétexte, se départir du respect pour l'individualité humaine, ne peut faire un mélange d'éducation et de dressage, ne pas montrer l'exemple de la noblesse morale. Il est d'autant plus indispensable de remplacer la mauvaise humilité d'esclave, qui n'exclue nullement l'orgueil caché, ce qui nous est prouvé à tout instant, par une bonne humilité chrétienne. L'humilité d'esclave se manifeste par une absence totale d'individualité, par la disposition à se soumettre à toute force brutale, sans distinguer la qualité morale de cette force. Cette humilité rend impossible d'être chrétien, car elle suppose en même temps la disposition à trahir à tout moment le Père Céleste, dès que les détenteurs de la force donneront l'ordre d'en agir ainsi. La bonne humilité chrétienne n'anéantit pas l'individualité, ne l'empêche pas de rester libre jusqu'à la faculté de préférer le martyre à l'infidélité envers la foi, la vérité et le Père Céleste, malgré les ordres et les menaces des puissants. Les indices les plus sûrs de la présence de cette bonne humilité chrétienne sont : 1° quand on reconnaît tout son prochain digne d'amour et de bienveillance ; 2° quand on ressent le désir d'avoir du respect pour tout le monde ; 3° quand on sait obéir à l'autorité que l'on reconnaît volontairement ; 4° quand on conçoit la bêtise honteuse de tout orgueil.

(1898)

1. — Dans l'une des caractéristiques, l'aîné, tout en constatant la sincérité des relations exceptionnellement affectueuses de l'un de ses cadets pour l'un des instituteurs, réprouvait en même temps comme trop peu respectueuse une manifestation parfaitement inoffensive de ces bons sentiments : le cadet s'approchait souvent de cet instituteur, lui témoignant de différentes manières très décentes sa sympathie. Le cercle fraternel cadet, à son tour, lui exprimait son mécontentement pour la même cause. Le cercle fraternel aîné trouve que c'est un excès de pédantisme peu désirable et peu conforme à l'esprit qui doit régner dans nos écoles, où les relations simples, pleines de confiance et de cordialité entre élèves et précepteurs sont si désirables. En conséquence, il propose à tous ses membres de s'appliquer à combattre ce funeste préjugé, basé sur la mauvaise coutume

de s'ériger en juge de ses camarades, de professer de la méfiance inconsciemment envers les chefs de l'école et en toute conscience envers les camarades, dont on redoute la critique désobligeante. Les résultats en sont très affligeants. M. le Curateur trouve qu'il a eu trop rarement la joie de voir une marque de sympathie simplement et franchement manifestée. Les instituteurs peuvent en dire autant. Il est normal que les relations soient réglées sur les sentiments des élèves, car ces relations peuvent être plus facilement réglées par les instituteurs, et d'un autre côté les élèves ont moins à craindre d'exercer sur eux une pression morale.

2. — Quand la disposition d'esprit du cadet laisse beaucoup à désirer, son aîné, par l'entremise du précepteur auquel il est confié, doit proposer au Conseil pédagogique de soulever la question s'il est bon pour l'élève ou non de lui donner souvent des congés, surtout dans le cas où l'on peut craindre pour lui des influences funestes hors de l'école.

3. — Il s'est produit des cas où l'aîné avait réprouvé son cadet mal intentionné pour lui avoir caché le mal qu'il connaissait. Le cercle fraternel aîné fait remarquer à ceux qui le faisaient que, dans ce cas, la franchise aurait eu une tout autre portée morale que dans celui

où l'élève est bien disposé. Pour ceux qui sont pleins d'amour et de confiance envers l'école, les instituteurs et les aînés, la franchise illimitée est un acte d'amour, un acte d'un prix moral inestimable aussi bien pour celui à qui l'on parle que pour ceux dont on parle. Quant à ceux qui n'ont ni confiance ni amour, c'est, au contraire, un acte profondément immoral : une délation, un espionnage. L'aîné doit se garantir contre la possibilité d'interprétations malveillantes de la part des cadets de mauvaise foi. On peut appeler son attention sur le fait que sa cachoterie est une preuve de l'absence en lui d'amour et de confiance ; il ne faut pas lui incriminer la cachoterie même pour ne pas lui donner à penser que l'on veut qu'il soit délateur ou espion.

C'est précisément l'absence d'amour et de confiance qui rend incompréhensible à tant de personnes la haute dignité morale d'une franchise illimitée.

Ceux qui ont amour et confiance peuvent tomber dans l'extrémité contraire et ne pas prendre en considération que la mauvaise foi ne comprend pas la franchise, qu'elle ne connaît que délation et espionnage.

(1899)

1. — Dans les cas où l'élève se laisse entraîner par la lecture, au détriment de son moral et de ses relations, l'aîné peut prier les instituteurs de modérer et même de suspendre pour quelque temps la délivrance des livres de la bibliothèque. Il s'est produit des cas où des élèves insoucieux de remplir leurs devoirs étaient persuadés que néanmoins l'école était obligée de leur procurer le divertissement d'une lecture intéressante, et se comportaient de la sorte comme s'ils se croyaient dans une bibliothèque publique et non dans une école agronomique chrétienne.

2. — Dans nos écoles, où, grâce aux examens de concours, il n'y a pour la plupart que des enfants bien doués, les capacités intellectuelles étaient trop souvent une tentation qui amenait à traiter avec indifférence, et souvent même avec mépris, les travaux physiques. Dans ces circonstances, il est facile de perdre la trempe et l'habileté au travail ; celui-ci deviendra de plus en plus difficile et désagréable, et il sera tout naturel qu'on désire se défaire de cette chose désagréable en en chargeant le prochain, aux applaudissements de l'esprit, qui est tou-

jours serviable et soumis à notre volonté, et qui trouvera pour l'excuser mille bonnes raisons. De cette manière, notre école chrétienne peut avoir la honte de donner à l'humanité des gens qui ne veulent pas prendre sur eux la croix du travail et ne sont même pas aptes à la porter. Les aînés doivent jalousement préserver les cadets de cette mauvaise voie, tâchant de leur bien expliquer la grande valeur morale du travail physique et de provoquer le désir plein d'abnégation de se dévouer à organiser le travail sur les bases fraternelles.

N. N. (1). — « Je trouve cette décision d'autant plus sympathique, qu'à l'heure qu'il est, cette tendance sociale de fuir avec dédain le travail physique, qui a le désavantage de rendre à la fois la vie pénible, désagréable, désavantageuse et méprisée, pour rechercher des occupations plus légères, agréables, propres, lucratives et honorifiques, devient un vrai fléau pour toute l'humanité, la poussant à une rivalité sans fin, entravant la possibilité même d'une vie et de relations chrétiennes. Voilà ce qui se fait. Tous veulent parvenir, passer des rangs des travailleurs dans ceux des jouisseurs intellectuels. Tout attestat, même le simple sa-

(1) Remarques de M. Nicolas de Népluyeff, qui présidait l'assemblée.

voir lire et écrire, sont des raisons suffisantes pour que l'on se croie le droit de mépriser le travail physique. On n'a pas assez d'amour humble et désintéressé pour vouloir prendre sur soi la croix de ce lourd travail, pour comprendre toute la dureté de l'égoïsme qui veut rejeter ce fardeau sur les autres. Les intellectuels bavardent sans fin sur les thèmes de justice, bien public, amour et progrès, « assis sur le dos de ce même peuple », d'après l'expression des radicaux. Ils ont tort, ces adulateurs de la populace, quand ils disent que c'est elle qui nous allaite comme une nourrice bienfaisante. Ce n'est pas vrai qu'ils soient des bienfaiteurs, ceux qui haïssent, qui envient et voudraient se mettre à la place de ceux qui sont parvenus. Dans ces conditions, toute la société de haut en bas est parfaitement étrangère à l'esprit chrétien. Il n'y a qu'une solution possible : l'héroïsme conscient et religieux du travail libre au sein d'une association chrétienne, où il n'est exploité par personne au détriment du travailleur. Cet héroïsme n'est pas possible sans celui de la foi et de l'amour, comme l'héroïsme de la foi et celui de l'amour ne sont pas possibles pour un homme pauvre sans celui du travail physique. Il serait par trop triste et honteux pour les élèves de notre école chrétienne, si ses élèves aussi se rangeaient parmi les parvenus jouisseurs pour bavarder avec eux de justice, d'amour et de bien public « assis sur le dos » de ce peuple dont ils viennent de quitter les rangs.

3. — Il est désirable que l'aîné ne se borne pas à donner des conseils, mais qu'il tâche de persuader et de transfigurer moralement jusqu'à ce que les résultats désirables en soient obtenus, réclamant pour cela l'assistance des cercles fraternels et des précepteurs s'il le faut.

4. — C'est l'orgueil qui est le mal suprême dans la vie morale de l'humanité. C'est lui qui empêche la foi et l'humble amour envers Dieu. C'est encore lui qui nous empêche d'avoir de l'amour et du respect pour notre prochain. L'orgueilleux est sûr de pouvoir se passer de Dieu, aussi ne le cherche-t-il pas et ne peut-il le vénérer. Il est sûr que personne ne peut le comprendre ni l'apprécier à sa juste valeur, que personne n'est digne ni de son amour ni de son respect. C'est pour cela que l'orgueil est le principal obstacle à tout progrès moral. « Heureux les pauvres en esprit, car le royaume du ciel est à eux. » La conscience de notre pauvreté morale, c'est la capitulation de l'orgueil, le premier pas dans la voie chrétienne. Les aînés doivent bien prendre garde à ne pas sou-

tenir l'orgueil des cadets par un excès d'humilité en réponse à un excès d'orgueil de leur part. Il s'est produit des cas pareils.

5. — Trop souvent des manifestations de mauvaise volonté sont excusées par l'oubli ou l'étourderie. Les deux sont impossibles dans le cas où nous avons affaire à des personnes ou à des affaires que nous traitons avec amour et respect. Il est surtout évident que c'est un prétexte mensonger, quand il ne s'ensuit ni regret ni repentir. C'est simplement une manière de tranquilliser sa conscience pour continuer à vivre comme par le passé.

6. — Beaucoup entrent dans les cercles fraternels, rêvant aux plaisirs d'une douce intimité, mais sans se décider à prendre sur eux la croix analogue. Les aînés doivent bien expliquer aux cadets jusqu'à quel point les joies de la fraternité sont impossibles sans acceptation héroïque de la croix analogue. Ceux qui espèrent la joie sans vouloir accepter la croix seront inévitablement déçus dans leur espoir. Leur séjour au sein de la Confrérie ne pourra être une joie, ni pour eux-mêmes ni pour les autres. Ils finiront par rendre l'œuvre et ses fidèles responsables de leur désillusion. La joie n'est que le fruit de l'héroïsme; sans lui, ce n'est qu'une chimère irréalisable.

7. — La vie se compose de petites choses. L'aîné, tout en essayant de réveiller dans l'âme du cadet les aspirations les plus hautes, ne doit pas négliger le caractère moral des minuties de sa vie (la véracité, le respect de la personnalité morale et de la propriété du prochain), sans quoi les aspirations les plus hautes ne seront pas une garantie de la noblesse morale de l'homme. C'est un spectacle navrant et monstrueux que celui qui, ayant les buts les plus élevés, montre à chaque pas, dans les petites choses de la vie, une absence totale de noblesse morale. Il est très désirable que, dans ces cas-là, les aînés ne se laissent pas entraîner par l'indulgence bienveillante jusqu'à considérer ces petites choses comme des minuties sans importance. Il ne faut ni chercher ni admettre des excuses. Il faut nommer les choses par leur propre nom et insister sur ce point que le cadet se condamne soi-même sans indulgence.

8. — Il arrive que l'on explique et excuse des relations intimes avec des gens mauvais, sous prétexte de manque de caractère et de légèreté naturelle. En réalité, le mal est toujours antipathique au bien, comme le bien au mal. Les gens de bien peuvent tolérer les mauvais pour influer sur eux, mais ne peuvent tomber sous leur influence, ne peuvent être ni entraînés,

ni assujettis par le mal. La sympathie pour le mal est un indice sûr d'une volonté mauvaise, qui ne doit être expliquée ou excusée ni par la légèreté naturelle ni par le manque de caractère.

9. — Comprenant que, pour mener une vie digne d'un chrétien honnête, il est absolument indispensable de se dévouer à l'héroïsme de la foi, de l'amour et du travail, nous supplions tous les membres du cercle fraternel aîné de montrer en cela le bon exemple et de faire tout ce qui dépend d'eux pour éveiller dans leurs cadets le désir de se mettre sur cette voie.

10. — Nous sommes persuadés que l'héroïsme de la foi est possible à tous les âges et consiste à être en communion vivante avec Dieu, à lui être fidèlement dévoué et à ressentir le désir joyeux de confesser sa foi devant les hommes par la prière, par la vénération pour le culte, par la parole et par les actes. En outre, les aînés doivent expliquer aux cadets à quel point il est désirable que nous manifestions notre sentiment de vénération pour le Seigneur précisément dans les formes usitées par nos coreligionnaires, dans les formes qui leur sont chères et compréhensibles.

11. — Il faut expliquer aux cadets que l'héroïsme de l'amour commence là où il est diffi-

cile de continuer à aimer. Tant que nous aimons ceux qui nous aiment, ce n'est encore que la joie de l'amour ; l'héroïsme commence quand nous sommes magnanimes pour ceux qui nous font souffrir.

12. — Il faut qu'ils soient pénétrés de l'idée que l'héroïsme du travail ne commence que quand nous acceptons avec abnégation la croix du travail lourd et désagréable, celui qui demande l'héroïsme de l'amour. Remplir bien et volontiers le travail qui nous plaît et nous est agréable n'est pas de l'héroïsme, c'est une jouissance.

LA CONFRÉRIE OUVRIÈRE
DE VOSDVIGENSK
ET SES ÉCOLES

LETTRES ET TÉLÉGRAMMES :

Russie. — Ianpol Tshernigovsky

M. NICOLAS NEPLUYEFF.

ITINÉRAIRE :

Chemin de fer de Kiew-Vorsnège

STATION : *Gorely-Houtora*

ORGANISATION

DE LA CONFRÉRIE-OUVRIÈRE

La Confrérie ouvrière se trouve dans le gouvernement de Tshernigow, en Oukraine, à 20 verstes de la ville de Gloukhov et à 6 verstes de la station Gorely-Houtora du chemin de fer Kiew-Voronège, dans les domaines de la famille de Népluyeff, qui contiennent 22.000 arpents de terres, dont 12.000 de forêts, une fabrique de sucre, deux distilleries, trois briqueteries, une fonderie et une usine mécanique à vapeur, qui a pour spécialité la confection des charrues et des pompes à incendie.

Il y a des écoles pour les enfants de tous les âges : un internat pour les tout petits enfants de deux à dix ans ; une école primaire et un internat pour les enfants de dix à quatorze ans. Deux écoles agronomiques : l'une pour les jeunes gens, l'autre pour les jeunes filles, de l'âge de quatorze à vingt et un ans, tous internes.

Tous les instituteurs et les institutrices sont des membres de la Confrérie ouvrière.

Toutes ces institutions ont été fondées par la famille de Népluyeff et sont entretenues à ses frais. Le Ministère de l'Agriculture donne aux deux écoles agronomiques un subside de 5.500 roubles, ou 14.410 francs, destiné à payer les appointements des instituteurs, qui se comptent au service de l'État.

C'est dans ces écoles agronomiques qu'il y a les cercles fraternels dont il est parlé dans le manuel.

A la tête de ces institutions se trouvent : Mme Alexandra de Népluyeff, née baronne de Schlippenbach, veuve du grand maréchal de noblesse du gouvernement de Tshernigov, M. Nicolas de Népluyeff, décédé le 17 janvier 1900, curatrice de l'École agronomique des jeunes filles ; — M. Nicolas de Népluyeff, fondateur de l'Œuvre, président à vie de la Confrérie ouvrière et curateur de l'École agronomique pour les jeunes gens ; — Mme Marie d'Oumanez, née de Népluyeff, veuve du maréchal de noblesse de Novosybkov M. Michel d'Oumanez, supérieure à l'École agronomique des jeunes filles et curatrice de l'Internat des enfants mineurs ;

— Mlle Olga de Népluyeff, curatrice de l'Internat de Ianpol ; — M. Grégoire Doroshenko, ex-professeur de mécanique à l'École supérieure des Mines à Saint-Pétersbourg, intendant en chef du domaine de Ianpol ; — M. Théodor Czvertka, directeur de l'École agronomique des jeunes gens ; — MM. André Fourcey et Ivan Zveladoub, intendants de la terre de Vosdvigensk, et M. André Kolomeyczenko, directeur de l'École agronomique des jeunes filles.

A l'École agronomique des jeunes gens, le cours est de cinq ans : deux classes préparatoires et trois spéciales. On étudie la religion (cathéchisme, culte, évangile, actes et articles des Apôtres), la langue et la littérature russes, l'arithmétique, la géométrie, la physique, la chimie, l'histoire, la géographie et le chant dans les classes préparatoires ; — l'agronomie, l'élevage du bétail, la géodésie, l'entomologie, l'économie rurale, l'art vétérinaire, l'horticulture, le jardinage et la sylviculture dans les classes spéciales.

L'École a ses terres et son plein ménage. Les élèves exécutent eux-mêmes tous les travaux dans leurs champs, leurs basses-cours et leurs étables, délibèrent le soir sur les travaux qu'il faut accomplir le lendemain et tiennent les livres de comptabilité. Ils travaillent aux usines et étudient la menuiserie, la serrurerie et le métier de forgeron. Outre tout cela, ils s'occupent encore du dessin linéaire (cartes géographiques, dessin technique, plans de bâtiments, façades et plans de localités).

A l'École agronomique des jeunes filles, on étudie l'hygiène, la laiterie et la coupe. Les élèves font tous les travaux de femmes dans les champs, la vacherie et à la basse-cour, s'occupent dans le potager, à la laiterie, à la cuisine, à la buanderie. Elles apprennent à coudre non seulement le linge, mais encore les habits de femme et d'homme, à tisser des étoffes, des sangles et des rênes.

Comme les écoles ne peuvent contenir tous les enfants qui voudraient y entrer, on a été obligé d'instituer des examens de concours, qui ont lieu chaque année, le 31 juillet pour les jeunes filles et le 1er août pour les jeunes gens.

Pour entrer aux écoles, il faut savoir bien lire, écrire et compter. L'attestat donne un privilège à ceux qui doivent faire leur stage au service militaire et exempte des peines corporelles.

L'éducation est complètement gratuite. Tous sont logés, habillés et nourris aux frais de la famille Népluyeff.

Après avoir fini le cours, on est libre d'entrer

dans la Confrérie ouvrière ou d'aller chercher du service ailleurs.

Ceux qui désirent entrer dans la Confrérie se font membres de l'une des associations qui la composent.

Les statuts de la Confrérie ouvrière ont été approuvés par l'État. L'empereur Alexandre III lui a conféré les droits de personnalité juridique, ainsi que celui de posséder des immeubles.

D'après les statuts, la Confrérie forme une association ouvrière et consommatrice, gérée par le Conseil supérieur de la Douma.

On commence par faire un stage d'un an, qui est une épreuve préliminaire. A la fin de cette année, si l'on continue à vouloir se consacrer définitivement à l'œuvre, on demande à être reçu. C'est la Douma qui fait les élections et qui peut exclure ceux qui auront abusé de sa confiance.

Ceux qui sont élus au nombre des membres souscrivent des promesses, qui sont obligatoires pour tout le temps de leur séjour au sein de la Confrérie, qu'ils sont toujours libres de quitter.

Il faut avoir donné de grandes preuves de dévouement à la cause pour avoir le droit d'être élu membre du Conseil supérieur de la Douma. Le nombre des membres de la Douma est illimité. Elle est présidée par un président à vie, élu par elle et agréé par S. Em. l'Archevêque de Tshernigow, qui est le protecteur de la Confrérie. Du consentement de l'archevêque, il peut être remplacé dans le cas où la Douma le juge nécessaire, ou bien lorsque lui même ne veut plus continuer à remplir ses fonctions.

Le revenu net se partage à la fin de l'année en deux parties inégales : 20 p. 100 sont destinés à former deux capitaux, — le capital foncier réservé à acheter des terres pour la Confrérie ou à fonder de nouvelles confréries ouvrières, et le capital de réserve; 80 p. 100 sont partagés en parts égales entre tous les membres actifs de la Confrérie et deviennent leur propriété personnelle, dont ils peuvent disposer tant de leur vivant que par testament après leur mort.

Les malades ainsi que les veuves et les orphelins des membres de la Confrérie sont entretenus aux frais de l'association.

La Confrérie a pour but de prouver la possibilité d'organiser tous les genres de travail sur la base pacifique de fraternité.

Aussi les fondateurs de la Confrérie voulaient-ils organiser, outre la Confrérie centrale de Vosdvigensk avec ses écoles et ses associations agricoles et industrielles, deux autres

Confréries affiliées dans les gouvernements de Pétersbourg et de Nijni, où ils ont des terres, et une Confrérie marchande à Moscou pour vendre les produits du travail.

Des circonstances imprévues les ont forcés à modifier ce projet. Une grande partie des terres seront vendues et le capital obtenu par leur vente sera destiné à garantir par son revenu annuel la possibilité de donner des fonds à un nombre illimité de petites associations fraternelles qui pourront fonctionner dans les villes et les campagnes, tant en Russie que dans les autres pays.

De cette manière, la Confrérie centrale pourra rayonner, envoyant dans le monde entier des associations fraternelles qui, à leur tour, pourront devenir des confréries ou des associations agricoles, industrielles ou marchandes, selon le désir de leurs fondateurs et les nécessités du milieu dans lequel elles fonctionnent.

Martigny, 14 août 1900.

TABLE DES MATIÈRES

Tours, Imp. E. Arrault et Cie.

FÉLIX ALCAN, ÉDITEUR
108, BOULEVARD SAINT-GERMAIN, 108 — PARIS

EXTRAIT DU CATALOGUE

Brasseur. — *La question sociale*, étude sur les bases du collectivisme, 1 vol. in-8. . . . . . 7 50

Bouglé, maître de conférences à l'Université de Montpellier. — *Les Sciences sociales en Allemagne*, 1 vol. in-12 . . . . 2 50

Du Maroussem. — *Les Enquêtes*, pratique et théorie, 1 vol. in-8 cart. à l'angl. . . . . 6 »

Durkheim, professeur de la Faculté des Lettres de Bordeaux. — *De la Division du travail social*, 1 vol. in-12 . . . . 2 50

Fournière, député, professeur au Collège libre des Sciences sociales. — *L'Idéalisme social*, 1 vol. in-8, cart. à l'angl. . . . . 6 »

Hauser, professeur de l'Université de Clermont. — *Ouvriers du temps passé* (XVe et XVIe siècles), 1 vol. in-8, cart. à l'angl. . . . . 6 »

Lapie, maître de conférences à la Faculté des Lettres de Rennes. — *La Justice par l'État*, 1 vol. in-12. . . . . 2 50

Marion, professeur à la Faculté des Lettres de Paris. — *De la Solidarité morale*, 1 vol. in-8, 5e éd. 2 50

— *Morale sociale*, leçons professées au Collège libre des Sciences sociales, préface de E. BOUTROUX, de l'Institut, 1 vol in-8, cart. à l'angl. 6 »

Novicow. — *Les gaspillages des Sociétés modernes*, 1 vol. in-8, 2e éd. . . . . 5 »

— *Questions de morale*, leçons professées au Collège libre des Sciences sociales, 1 vol. in-8, cart. à l'angl. . . . . 6 »

Ziegler, professeur à l'Université de Strasbourg. — *La question sociale est une question morale*, 1 vol. in-12, 2e éd., trad. Palante. . . 2 50

13 8 00. — Tours, imp. E. Arrault et Cie.

www.ingramcontent.com/pod-product-compliance
Ingram Content Group UK Ltd.
Pitfield, Milton Keynes, MK11 3LW, UK
UKHW020119200726
13856UKWH00002B/631